MW00812217

Bernhard Schobinger
Jewels Now!

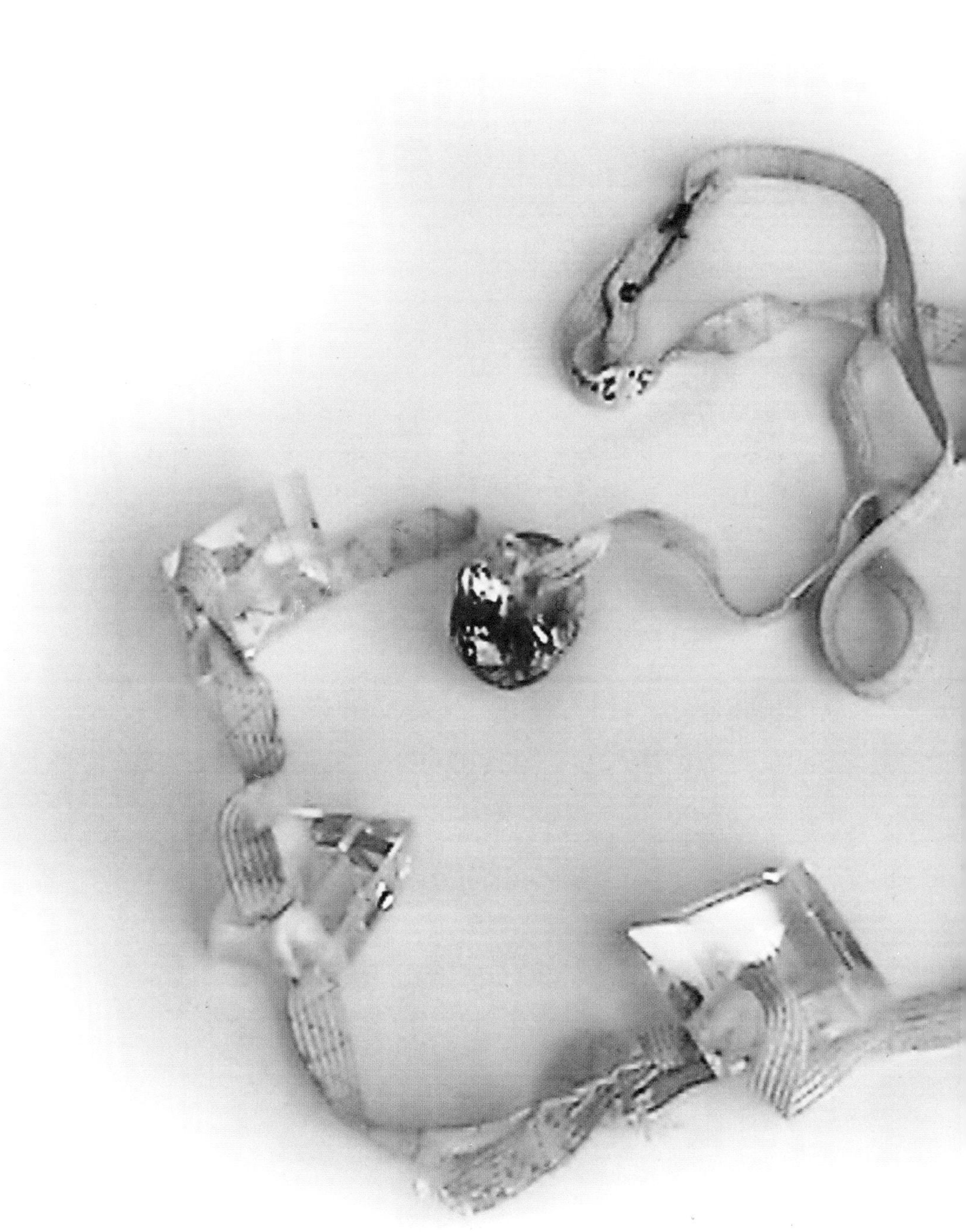

Roger Fayet // Florian Hufnagl (Hg. eds.)

Bernhard Schobinger Jewels Now!

mit Fotografien von with photographs by

Annelies Štrba

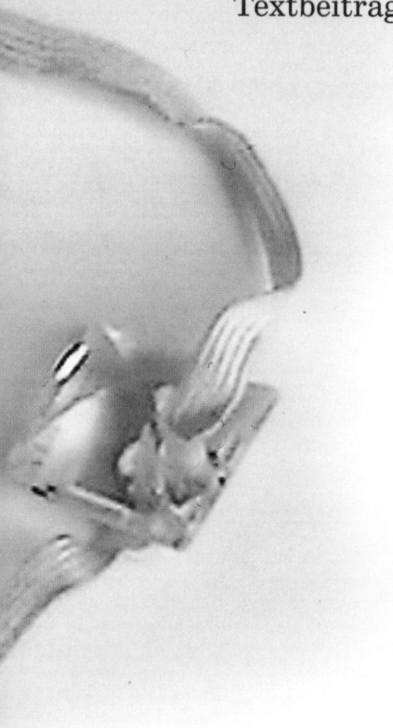

Textbeiträge Contributions

Peter Egli
Roger Fayet
Florian Hufnagl
Christof Kübler
Sibylle Omlin
Ellen Maurer-Zilioli
Bernhard Schobinger

ARNOLDSCHE

Inhaltsverzeichnis
Table of Contents

Der andere Reichtum: Bernhard Schobingers „Juwelen“ und Annelies Štrbas Fotografien

An Stelle eines Vorworts

A Different Richness: Bernhard Schobinger's 'Jewels' and Annelies Štrba's Photographs

In place of a foreword

Roger Fayet

Es war der Arbeitstisch, der sich mir beim ersten Besuch in Bernhard Schobingers Atelier einprägte: Auf einer großen Fläche waren zahlreiche kleine Gegenstände ausgebreitet – verrostete Schrauben, Scherben, Holzsplitter, Bruchstücke von Spielzeugen ... – Dinge, die man gemeinhin als Abfall bezeichnen würde. Noch während ich mich über dieses ordentlich hingelegte Sammelsurium beugte und nach den Ursprüngen der unterschiedlichen Materialien forschte, griff Schobinger in den Abfalleimer und holte eine abgebrochene Regalstütze hervor. „Eigentlich eine wunderbare Form, aus der man etwas machen müsste“, meinte er und legte das Stück zu den anderen Dingen auf den Tisch.

The first thing I noticed when I visited Bernhard Schobinger's studio for the first time was his work table: little objects were spread out on a large work surface – rusty screws, sherds of glass and pottery, splinters of wood, fragmentary pieces of toys ... – things which one would ordinarily tend to call rubbish. While I was still bending over this collection, which, motley as it appeared, was nonetheless neatly arranged, and was inquiring about the provenance of the various materials, Schobinger reached down into a bucket full of rubbish to produce a broken shelf support. 'Actually a marvellous form from which something really must be made,' he said, adding the piece to the other things on the table.

Der Anblick von Schobingers Arbeitstisch offenbart bereits vieles über die Arbeitsweise des 1946 geborenen und heute in Richterswil am Zürichsee lebenden Schmuckkünstlers: Das „Aufheben“ von Dingen – sowohl im Sinne von „Auflesen“ als auch im Sinne von „Aufbewahren“ – steht am Anfang des kreativen Prozesses. Anlass für ein solches Aufheben kann eine interessante formale oder materielle Qualität eines Gegenstandes sein, aber auch eine bestimmte Symbolik, unter Umständen sogar eine irritierende Verbindung von Objekt und bereits vorhandener Beschriftung. Solche Eigenschaften – und nicht der gesellschaftlich sanktionierte materielle Wert – machen für Schobinger die potentielle „Schmuckwürdigkeit“ eines Gegenstandes aus.

Diese „aufgehobenen“ Dinge bilden das Ausgangsmaterial; immer aber werden sie bearbeitet, das heißt geschnitten, durchbohrt, mit anderen Fundstücken verbunden oder aber auch mit äußerst wertvollen Materialien wie Platin, Tantalon oder schwarzen Diamanten zusammengebracht. Schobinger geht es also nicht um einen Purismus der armen Materialien, nicht um die Entwicklung eines Anti-Schmucks, der an die Stelle der Reinheit preziöser Steine und Edelmetalle die andere Reinheit der *materia povera* setzt. Vielmehr arbeitet Schobinger – gewissermaßen alchemistisch – an der Herstellung von Mischungsverhältnissen, in denen das Gegensätzliche im Hinblick auf eine höhere Anteilhabe an der Wirklichkeit zusammengeführt wird. Seine Arbeiten basieren nicht auf dem Entweder-oder, sondern auf dem Sowohl-als-auch, auf dem Neben- und Ineinander.

Even that glimpse of Schobinger’s work table reveals much about how this jewellery artist, who was born in 1946 and now lives in Richterswil on the Lake of Zurich, approaches his work. The creative process starts with ‘gathering’ things – meaning both ‘picking them up’ and ‘keeping them’. The reason for thus gathering something may be that an object possesses an interesting formal quality or material property but it might also entail a particular symbolism or possibly even a disturbing linkage of object and a pre-existing label. It is qualities like these – rather than the intrinsic value as sanctioned by society – which, in Schobinger’s view, make an object ‘jewellery-worthy’.

These ‘gathered’ things are the material from which he starts; however, they are always processed, which means they are cut, drilled through, linked with other found objects or put together with extremely precious materials such as platinum, tantalum or black diamonds. What matters to Schobinger, therefore, is not cultivating a purist attitude to poor materials, not developing anti-jewellery to replace the purity of precious stones

Was dabei entsteht, ist – aller Verwendung von Abfall zum Trotz – Schmuck von außerordentlichem Reichtum: reich an Materialien und Formen, reich an sinnlich wahrnehmbaren Qualitäten, vor allem aber reich an Bedeutungen und Witz. Wo tragen Schmuckstücke schon Titel wie „Pentagon", „Rote Bomben" oder „Eraserhead"? Und all dieser formale und inhaltliche Reichtum ist den Objekten eigen, ohne dass sie im Bereich der Tragbarkeit „arm" geworden wären.

Die Ausstellungen im Museum Bellerive in Zürich, in der Pinakothek der Moderne in München und in anderen Institutionen wie auch die vorliegende Publikation zeigen den Schmuck Bernhard Schobingers gemeinsam mit den Fotografien der Künstlerin Annelies Štrba. Als Partnerin von Schobinger hat Štrba über Jahrzehnte hinweg seinen Schmuck an den Töchtern Sonja und Linda fotografiert. Erstmals ist nun auch ein Video zu diesem Thema entstanden.

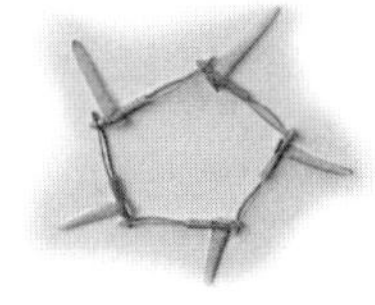

Pentagon Pentagon
Seite Page 83

and precious metals with that other purity which is *materia povera*. On the contrary, Schobinger is working – in a certain sense as an alchemist – on creating blends in particular proportions in which opposites are combined with respect to enhancing their share of reality. His works are based not on 'neither-nor' but rather on 'both ... and', on juxtaposition and interpolation.

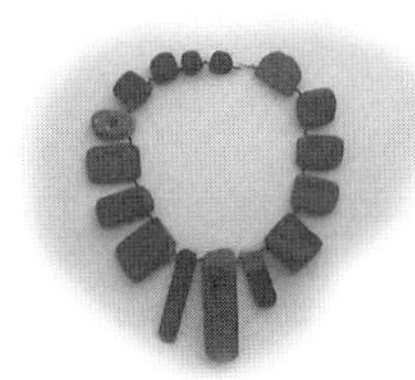

Eraserhead Eraserhead
Seite Page 84

What comes out of this is – despite all this use of rubbish – jewellery of extraordinary richness: rich in materials and forms, rich in qualities that are sensorily perceived and, most importantly, rich in meanings and wit. Where else do pieces of jewellery sport such titles as 'Pentagon' or 'Red Bombs', 'Eraserhead' or 'Keep SVP'? And all this richness both of form and content is inherent in the objects without their becoming 'poor' in wearability.

The exhibitions in the Museum Bellerive in Zurich, in the Munich Pinakothek der Moderne and at other museums as well as the present book show Bernhard Schobinger's jewellery together with Annelies Štrba's photography. As Schobinger's partner, Štrba photographed their daughters Sonja and Linda wearing his jewellery over several decades. Now a video has been made about this for the first time.

Much more, however, speaks for the joint Schobinger and Štrba exhibition than merely the coincidence that here an important photographer and video artist has made the work of an important jewellery artist the subject of her works. Schobinger's jewellery and Štrba's pictures also reveal inner ties: for instance in their being orientated towards Punk culture with its negation of bourgeois values during the 1970s and '80s and also in turning to mystical Far Eastern ideas more recently prevalent. And

Für das gemeinsame Ausstellen von Schobinger und Štrba spricht jedoch mehr als nur der glückliche äußere Umstand, dass hier eine bedeutende Fotografin und Videokünstlerin die Arbeit eines bedeutenden Schmuckkünstlers zum Gegenstand ihrer Werke macht. Schobingers Schmuck und Štrbas Bilder lassen innere Verwandtschaften erkennen: etwa in ihrer Orientierung an der Punk-Kultur und ihrer Verneinung bürgerlicher Wertvorstellungen während der 1970er und 1980er Jahre, aber auch in ihrer Hinwendung zu mystischen, fernöstlichen Vorstellungen in der jüngeren Zeit. Und Schobingers Tendenz zur Grenzüberschreitung, zur Vermischung unterschiedlicher Materialien und Techniken findet eine Entsprechung in Štrbas hybrider Form der Fotografie, bei der Sach- und Kunstfotografie, Dienstleistung und Eigenwert, Dokumentation und Expression miteinander in Beziehung treten.
Das Resultat dieser Hybridisierungen ist – sowohl bei Schobinger als auch bei Štrba – ein eigentliches „Reichwerden" ihrer Arbeiten, da diese nicht das Resultat von Trennungen und Verwerfungen, sondern von Verbindungen und Versöhnungen sind. „Juwelen" sind sie daher durchaus nicht nur im ironischen Sinne ...
Schobinger's tendency to cross boundaries, to blend differing materials and techniques is echoed in Štrba's hybrid form of photography, relating object and art photography, service rendered and intrinsic value, documentation and personal expression.
The result of such hybridisation is – both in Schobinger and in Štrba – an 'enrichment' of their work since they result from linking and reconciliation rather than from segregation and rejection. They are therefore 'jewels' and certainly not just in the ironic sense ...

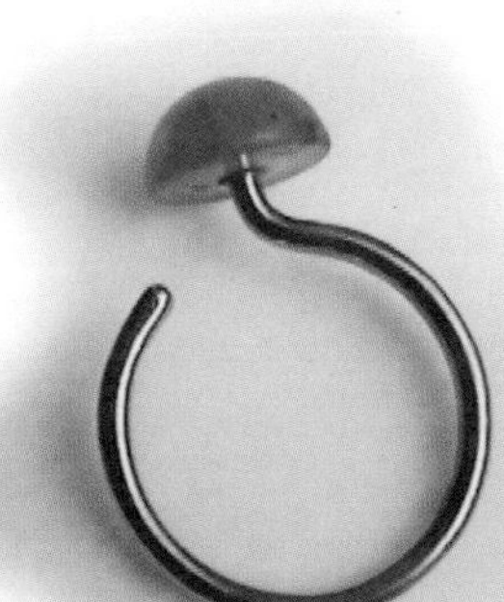

Ring // 1966 // Weißgold 750, Grossular

Ring // 1966 // 750 white gold, grossular garnet

Erste eigenständige Arbeit, schwarz während der Arbeitszeit als Lehrling gemacht.

First independent work, done as moonlighting during working hours as an apprentice.

Bernhard Schobinger: Ein Schmuckkünstler der Zukunft
Bernhard Schobinger: A Future-Orientated Jewellery Artist

Florian Hufnagl

Einst waren die Helvetier ein goldreiches Volk. In großen Mengen wurde Gold am Fuße des Gotthard, bei Basel am Rhein und im Neuenburgersee geschürft. So konnte sich ein an der Antike orientiertes Schmuckhandwerk fruchtbar entfalten und dazu die folgenschwere Verwechslung entstehen – nicht nur in der Schweiz –, dass dieser Schmuck aus jenem kostbaren Metall zu bestehen habe.

Davon haben sich die Künstler der Gegenwart längst verabschiedet. Schmuck – herkömmlich mit Luxus und Prestige verknüpft – entwickelte sich zu einer eigenen Kunstgattung, die im Laufe der revolutionären Bestrebungen des 20. Jahrhunderts Stellung bezog: Es kam zum radikalen Bruch mit Vergangenheit und Tradition.

The Helvetians were once a people possessing huge seams of gold. Vast quantities of gold were panned at the foot of the Gotthard, in Basel on the Rhine and in Lake Neuenburg. Consequently, the craft of jewellery-making in a form orientated towards Greco-Roman antiquity found fertile ground for development, also, however, giving rise to the misconception that jewellery had to be made of that precious material – a misconception that was to have enormous consequences – and not just in Switzerland.

Contemporary artists have, of course, long since taken leave of that notion. Jewellery – conventionally linked with luxury and prestige – has developed into an art form in its own right, one which took up a confrontational stance in the course of the revolutionary drives in 20th-century art. As a result, a radical break with tradition and the past took place.

Die Arbeiten von Bernhard Schobinger bilden einen Teil dieser Geschichte. Als er in den 1960er Jahren in Zürich den Weg des Gold- und Silberschmiedes einschlug, waren die Weichen gestellt. Vor dem Hintergrund der Studenten- und Jugendrevolte, der Pop-Bewegung und anderen nonkonformistischen Strömungen der Zeit stand für ihn rasch fest, dass es auch im Schmuck nicht weitergehen konnte wie bisher.

Heute gehört Schobinger zu den bedeutendsten Protagonisten seines Genres. Er gilt als einer derjenigen, die Zeichen in der Schmuckkunst, besonders in ihrer avantgardistischen Ausrichtung, gesetzt haben – als Rebell, als Erneuerer, und: als Einzelgänger. Das Erbe von Werkbund und Konkreter Kunst überwindend – wenngleich er anfänglich von deren rationaler und konstruktiv geordneter Ästhetik beeindruckt war – ließ sich Schobinger zunächst auf eine solide handwerkliche Ausbildung ein, um sich dann quasi für eine *arte povera* im Schmuck zu entscheiden. Die von ihm verarbeiteten Materialien können wertvoll sein, müssen es aber nicht. Er schätzt den zündenden Funken, der von Fundobjekten überspringt, die sich ihm „aufdrängen". Zu jedem Element, das schließlich in seine Arbeit einfließt, existiert eine Erzählung zu Herkunft und Sinngehalt, die es verankert, einbettet und mit anderen Elementen „verbündet". Oft genug beweist sich an ihnen die weitreichende Kenntnis des Künstlers von Weisheiten verschiedenster Kulturen, von Beschaffenheit und Symbolik der benutzten Substanzen.

Bernhard Schobinger's works are part of this history. When he set out in 1960s Zurich to work as a gold and silversmith, the course had been determined. Against the background of student revolts and rebellious youth, the Pop movement and other non-conformist tendencies prevailing at the time, he lost no time in resolving that jewellery, too, could not simply keep on as before.

Unendliche Schleife, 1967, Weiß-/Gelbgold 750 'Endless Loop', 1967, 750 white/yellow gold

Now Schobinger is a major luminary of the genre. He is regarded as a trend-setter in art jewellery, especially in the avant-garde reaches of the craft – as a rebel, an innovator and a confirmed individualist. Overcoming the weighty legacy of both the Werkbund and Concrete art – even though he was originally impressed by the rational and constructively ordered aesthetics of both movements – Schobinger started out right by undergoing thorough training in his craft before deciding on what might be termed *arte povera* in jewellery. The materials he processes may be intrinsically valuable but just as well need not be. He appreciates the creative spark leaping from the found objects which 'force themselves on him'. On each element that ultimately finds its way into his work there is a story on its provenance and meaningful or significant content, which

Schobinger macht Schmuck und ist diesem gegenüber doch zutiefst misstrauisch geblieben. Er hat viele kunsthandwerkliche Regeln gebrochen und trotzdem – oder gerade deswegen – zeugen seine Werke von einer ursprünglichen, dauerhaften und gebrochenen Schönheit. Ein Paradoxon angesichts seiner (buddhistischen) Überzeugung von der Vergänglichkeit der Dinge.

Tuben-Brosche II
Tube Brooch II
Seite Page 25

Eine gebogene Vorhangschiene aus Kupfernickel bildet im Zusammenspiel mit Mondsteinen und silbernen Zargen einen wohlgeformten Armschmuck. Ein Gewindekopfring wird durch Diamanten und Rubine ergänzt. Meteorgestein und Knochen, Blitzableiterspitzen und Metallfragmente von Dosen oder Aschenbechern erfahren durch die traumwandlerisch sichere Hand Schobingers eine fundamentale Veränderung im Verbund mit Gold, Silber und Edelsteinen. Zuweilen begleiten sie asi-

anchors, embeds and 'links' it with the other elements. Often enough the artist's broad-ranging knowledge of the wisdom of a variety of cultures, of the physical and aesthetic properties and symbolism of the materials used is revealed in these stories.

Schobinger makes jewellery yet has remained deeply suspicious of it. He has broken many traditional arts and crafts rules but nevertheless – or perhaps just because this is so – his works attest to an original, permanent and refracted beauty. A paradox, considering his (Buddhist) conviction of the transience of all things.

A bent cupro-nickel curtain rod makes a beautifully formed piece of arm jewellery in playful conjunction with moonstones and silver collet settings. Diamonds and rubies stop the gap in the ring of an eye bolt. Meteor stone and bones, the tips of lightning rods and scraps of metal from tin cans or ash trays undergo in Schobinger's hands, unerring as a sleepwalker, fundamental changes in conjunction with gold, silver and precious stones. Occasionally they are accompanied by Asian proverbs and enigmatic calligraphic signs which are intended to transcend concrete form. The unearthly thus meets the earthly. In doing all this, Schobinger has positioned himself at a great distance to conventional conceptions of jewellery. Viewed historically, however, jewellery – wherever it has attained importance – has invariably referred beyond itself and its epiphenomenal appearance to possess more content and significance than can be grasped at first glance. Jewellery has always played an important role, both profane and sacral, in the rites and ceremonies of all cultures. It has always functioned as an instance mediating coded messages. Schobinger's works recall something similar: they are full of memories of what was once the complex function of jewellery.

atische Lehrsätzen und geheimnisvolle, kalligraphische Zeichen, die zum Ziel haben, konkrete Gestalt zu transzendieren. Überirdisches trifft auf Irdisches. Damit steht Schobinger weit jenseits gängiger Schmuck-Konzeptionen. Historisch gesehen jedoch weist Schmuck – wo er Bedeutung erlangt – stets über sich selbst und seine Erscheinungsform hinaus und besitzt mehr Inhalt, als auf den ersten Blick zu erfassen ist. Schmuck spielte in allen Kulturen zu allen Zeiten eine wichtige Rolle bei Riten und Zeremonien profaner wie religiöser Natur. Er diente dabei der Vermittlung verschlüsselter Botschaften. An etwas Ähnliches lassen auch die Werke Schobingers denken: Sie sind voller Erinnerungen an die ehemals komplexe Funktion von Schmuck.

Schobinger vollzieht in seinem Schaffen eine kontinuierliche Gratwanderung, nicht nur zwischen Schönheit und Antiästhetik, sondern vor allem zwischen Wirklichkeit und „Surrealität", zwischen historischer Referenz und der Verweigerung, sich in der Geschichte ansiedeln zu lassen. Nur ein Suchender und Forschender mit dem sinnlichen Gespür Bernhard Schobingers kann diese Hochleistung vollbringen. Er ist ein ungewöhnlicher Schmuckkünstler der Gegenwart – einer der wichtigsten – und er fordert ungewöhnliche Wege für den Schmuck der Zukunft.

In creating this œuvre Schobinger has gone through a continual tightrope act, balancing as he does between beauty and anti-aesthetic and, more notably, between reality and 'surreality', between historical reference and the refusal to allow himself a niche of his own anywhere in history. Only a seeker and explorer with the sensuous sensitivity of a Bernhard Schobinger could have pulled off this amazing feat. He is indeed an unusual contemporary jewellery artist – one of the most important – and he is opening up unusual paths for the jewellery of the future.

Armreif // 1968 // Gold 750 Bangle // 1968 // 750 gold

Ring // 1968 // Gold 750

Ring // 1968 // 750 gold

Die Acht als kontinuierliche Bewegung um zwei Zentren verkörpert das Prinzip der Bipolarität. Die liegende Acht, mathematisches Zeichen für Unendlichkeit. Das Objekt bezieht sich auf ein Schlüsselwerk von 1968: „Unendliche Schleife", Gold 750, Rundprofil von 3 mm Durchmesser. Auf seine Vorgeschichte sei hier kurz eingegangen. Die zweite Hälfte der 1960er Jahre präsentierte sich mir als eine Vorwegnahme des „Anything goes" (Paul Feyerabend). In meiner Gier nach Wissen und Erfahrung sog ich alles, was ich erreichen konnte, mehr oder weniger unreflektiert auf, wie ein Schwamm. Die Vielfalt der Stile, die Verschiebung ästhetischer Paradigmen und die Freiheit, alles machen zu können, überforderten mich in meiner eigenständigen, individuellen Entwicklung und führten zu Ratlosigkeit. Mir blieb nur, jene zu beneiden, die ihren wenn auch nur vermeintlichen Stil bereits gefunden hatten. Zudem hielt ich mich, und dies gilt heute noch, zu nichts besonders befähigt. Die Entdeckung der konkreten Kunst brachte die entscheidende Wende und befreite mich vom Zwang zum Individualistischen, von dem ich mir den Ausweg aus meiner Orientierungslosigkeit versprochen hatte. Fasziniert von ihrem Reinheitsgedanken, ihrer Objektivität und Nachvollziehbarkeit als sicherem Koordinatennetz, erklärte ich sie zur einzig zuverlässigen Grundlage, um darauf die ersten Schritte einer eigenen künstlerischen Manifestation zu wagen. Max Bill war der Prophet. Ich kannte ihn von seinen Einführungen zu Kandinskys theoretischen Schriften „Über das Geistige in der Kunst" und „Punkt und Linie zu Fläche", die ich bereits mit siebzehn Jahren gelesen hatte. Der Eindruck war nachhaltig. Etwas später sah ich die ersten Bilder von Max Bill in einer Ausstellung der Galerie Suzanne Bollag in Zürich. Darauf die Ausstellung von Richard Paul Lohse im Kunsthaus Zürich. Erst in den folgenden Jahren stieß ich auf die Plastiken von Bill, die ich nur von Abbildungen her gekannt hatte. Ich war überwältigt von den hochglanzpolierten vergoldeten „Unendlichen Flächen", die bei ihrer logischen Konzeption von einer Aura des Zauberhaften und Wunderbaren umgeben waren. Sie hatten etwas Sakrosanktes, wie ich es nirgends sonst in zeitgenössischen Werken sah. Hier war der Ansatz. Diesen Anspruch auf der Ebene meines Handwerks einzulösen und die Prinzipien der konkreten Kunst auf Schmuckobjekte zu übertragen, erkannte ich als Gunst der Stunde. Zumal im Bereich der Schmuckgestaltung, mit Ausnahme der Werke von Günther Wyss, der in Zürich arbeitete und früh verstarb, absolut nichts Vergleichbares existierte. In diesem Sinn und Geist entwickelte ich Varianten eines Rings, die auf einem Rundprofil von 3 mm Durchmesser basierten.*

Am 8. 8. 1988 realisierte ich eine Kette mit 88 Gliedern in 8er-Form, aus runden Silberlotstangen von 2 mm Durchmesser gefertigt, mit fabrikationsmäßiger Wellenprägung und Firmensignet in der Längsachse versehen.

E-MAIL VOM 4. MÄRZ 2003 VON FELIX PHILIPP INGOLD AN B.S. IN TOKIO:
„Lieber Bernhard, hier im hintern Jura glüht die Aprikosenwut. Der Kondensstreifen im milchig-blauen Himmel verschlauft sich zur liegenden Acht. Genau so herzlich bist du gegrüßt von deinem, ja, Felix."

**Dass seine nicht orientierbaren Flächen auf August Ferdinand Möbius (1790–1868) zurückgehen, hat Bill selbst dargelegt. Ringe in Wellenform kommen bereits in der römischen Antike vor.*

The eight as continuous movement about two centres embodies the principle of bipolarity. The eight recumbent, the mathematical sign for infinity. This object refers to a key work of 1968: 'Endless Loop' [Möbius Strip], 750 gold, round profile 3 mm in diameter. Let me go briefly into the story behind it. The latter half of the 1960s presented itself to me as an anticipation of 'Anything goes' (Paul Feyerabend). In my thirst for knowledge and experience I absorbed everything within my reach, more or less without thinking about it, like a sponge. The diversity of styles, the aesthetic paradigm shifts and the freedom to be able to make anything and everything were too much for me in my independent individual development and led to my being at a loss. All that was left to me was to envy those who had already found their own style, even if they only thought they had. Moreover, I considered myself, and this still holds nowadays, not talented for anything in particular. Discovering Concrete art brought the decisive change, freeing me from the constraints of individualism, from which I had hoped to find a way out of being disorientated. Fascinated by its idea of purity, its objectivity and comprehensibility as a secure network of co-ordinates, I declared it to be the only reliable basis on which to venture the first steps of manifesting myself as an artist. Max Bill was the prophet. I knew him from his introductions to Kandinsky's theoretical writings 'Über das Geistige in der Kunst' ['Concerning the Spiritual in Art'] and 'Punkt und Linie zu Fläche' ['Dot and Line to Surface'], which I had already read by the age of seventeen. They left a lasting impression. Somewhat later I saw pictures by Max Bill for the first time, at an exhibition mounted by the Suzanne Bollag Gallery in Zurich. It was followed by the Richard Paul Lohse exhibition at the Zurich Kunsthaus. It was not until later years that I came across Bill's sculptures, which I had only known from pictures of them. I was overwhelmed by 'Unendliche Flächen' ['Infinite Surfaces'], with its gilt finish burnished to a high gloss, which, for all their logical conception, were surrounded by a magical and wonderful aura. They had something sacrosanct about them as I had never seen it elsewhere in contemporary works. Here was the approach. I realized that the hour was propitious for applying this claim to the level of my craft and for transferring the principles of Concrete art to jewellery objects. Particularly since, in the field of jewellery design, except for the work of Günther Wyss, who worked in Zurich and died young, nothing comparable existed. In this sense and in this spirit, I developed variants of a ring which were based on a profile in the round of 3 mm in diameter.*
On 8 August 1988 I did a chain with 88 links in the form of an 8, made of round silver solder rods 2 mm in diameter, with factory guilloché stamping and sporting the firm seal in the longitudinal axis.

E-MAIL SENT ON 4 MARCH 2003 BY FELIX PHILIPP INGOLD TO B.S. IN TOKYO:
'Dear Bernhard, here in the hinterlands of the Jura the apricots are in a smouldering rage. The vapour trail in a milky blue sky is looping itself into a recumbent figure eight. Just as hearty greetings, your, yes, Felix. '

**Bill himself explained that his surfaces on which orientation was impossible go back to August Ferdinand Möbius (1790–1868). Rings in wave form occur as early as Roman antiquity.*

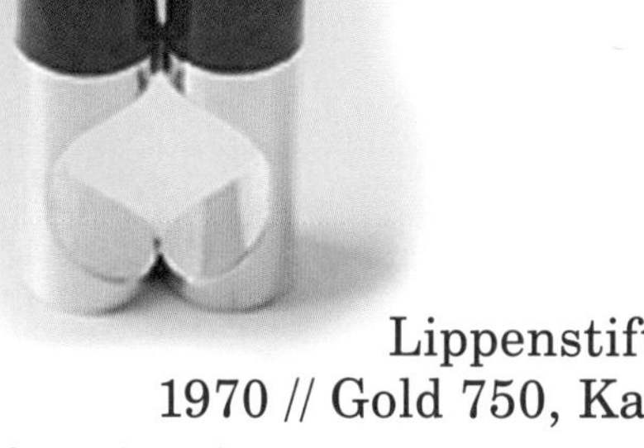

Lippenstift-Ring // 1970 // Gold 750, Karneol
Sammlung Sonja & Christian Graber, Schweiz
Lipstick Ring // 1970 // 750 gold, cornelia Sonja & Christian Graber Collection, Switzerland

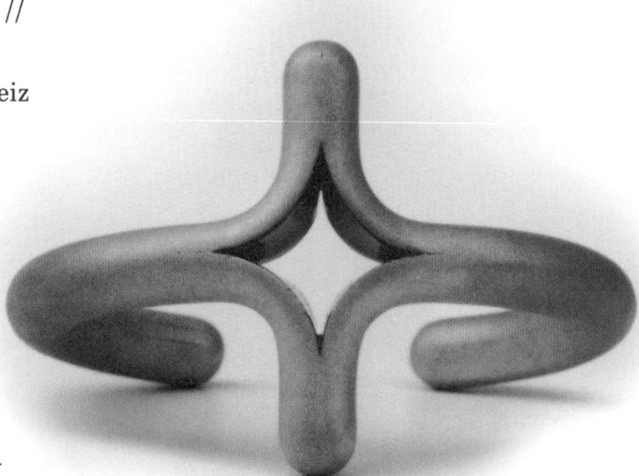

Armreif // 1969 // Gold 750, Email
Bangle // 1969 // 750 gold, enamel

Armreif // 1971 // Bergkristall, Weiß- und Gelbgold 750 Bangle // 1971 // rock crystal, 750 white and yellow gold

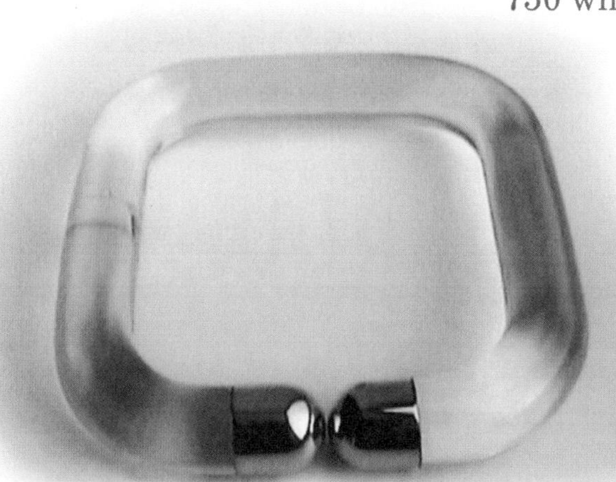

Der Armreif ist die aus einem glasklaren Stück Bergkristall herausgeschliffene Form eines ein Jahr zuvor in Acrylglas gebogenen Armreifs. Dieser wiederum ist die erste Variante eines durchkonjugierten Themas. Die Radien der Ecken entstanden durch das Biegen im erhitzten Zustand. Sie lösen zwar beim bergkristallgeschliffenen Stück die gleiche Assoziation aus, irritieren aber gleichzeitig auch, da Bergkristall bekanntlich nicht gebogen werden kann. Die beiden Abschlüsse in Weiß- und Gelbgold halten in ihrer Polarität und dem minimalen Zwischenraum eine konstante Spannung aufrecht wie die Pole eines Magnets.

This bangle cut out of a piece of rock crystal as clear as glass is the form of a bangle bent a year before in acrylic glass. That in turn is the first variant of a completely conjugated theme. The radii of the corners were created by bending it while it was heated. They spark off the same association in the cut rock-crystal piece but are also disturbing since, as is well known, rock crystal cannot be bent. In their polarity and minimal intervening space, the two terminals in white and yellow gold maintain constant tension like the poles of a magnet.

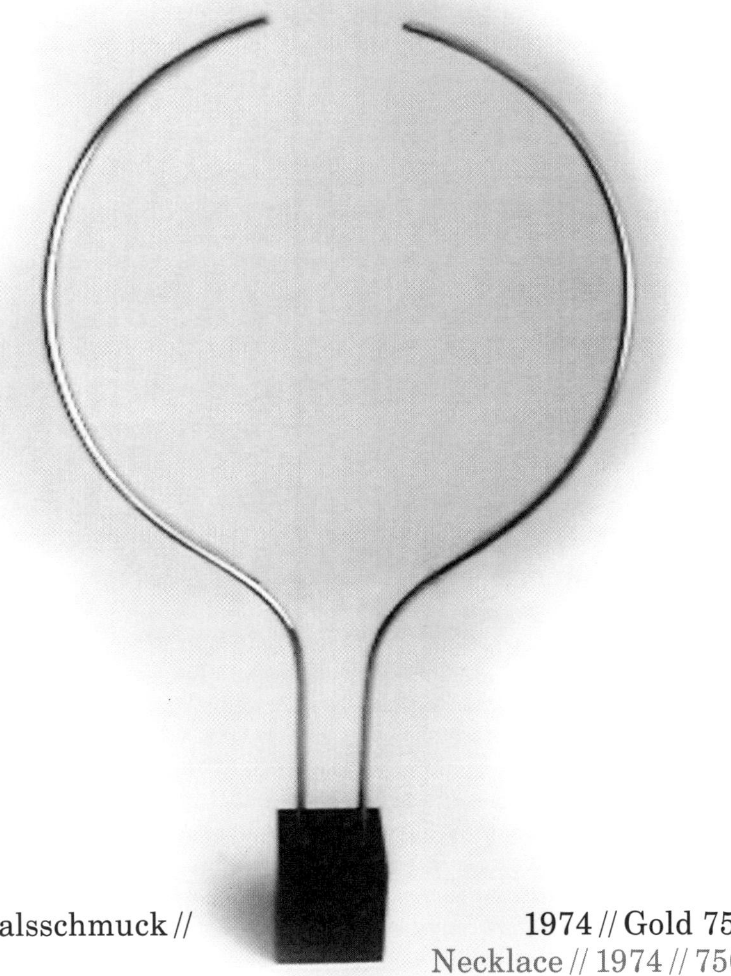

Halsschmuck // 1974 // Gold 750, Onyx

Necklace // 1974 // 750 gold, onyx

Dieses Stück thematisiert das Sockelproblem der Skulptur, die hier eine Verbindung zum Schmuck eingeht. Der schwarze Onyxwürfel mit den beiden emporsteigenden goldenen Kurven bildet, auf den Tisch gestellt, den Sockel einer Skulptur; als Halsschmuck getragen aber dienen die beiden Goldteile ihrer Funktion als Trägerelemente, und der Würfel hängt in der Mitte. *This piece represents a discussion of the problem of plinths in sculpture, which has here been amalgamated with jewellery. The cube of black onyx with the two rising gold curves forms, when placed on a table, a plinth for a sculpture; worn round the neck, however, the two gold parts function as support elements with the cube suspended in the middle.*

Ring // 1976 // Gold 750, Kobalt

Ring // 1976 // 750 gold, cobaltite

Mutation // Armreif // 1971 // Silber 925, Gold

Mutation // bangle // 1971 // 925 silver, gold

Der Querschnitt eines Kreisrings verwandelt sich während einer halben Umdrehung von einem Kreis zu einem Quadrat. Die Umrisslinien von Kreis und Quadrat sind mittels einer Goldtauschierung markiert. Allzu einfach wäre es nun, einen dem Quadrat eingeschriebenen Kreis mittels Reduktion des Volumens zu erreichen. Dies aber ist uninteressant. Der Reiz bei der vorliegenden Idee besteht in der Konstanz der Flächengleichheit des Querschnitts an jedem beliebigen Punkt des Kreisrings, was automatisch bedeutet, dass sich der Kreisring an jedem beliebigen Ort im Gleichgewicht befinden muss. Die Richtigkeit lässt sich auf einfache Weise überprüfen: auf eine horizontale Fläche gestellt, bleibt der Ring in jeder beliebigen Position stehen, wäre er im Ungleichgewicht würde er rollen. Anlässlich seines Vortrags „Über das Irrationale in der Konkreten Kunst“ im Kreis der Galerie von Josef Müller-Brockmann in Rapperswil, hat Max Bill den damals gerade in der Galerie ausgestellten Ring für seine Sammlung angekauft.

In cross section a hoop bangle changes with half a twist from a circle to a square. The contours of circle and square have been marked in gold damascening. Now, it would be only too easy to make a circle that fits into the square by reducing the volume. That, however, is uninteresting. The attraction of the present idea consists in the surface area of the section as cut remaining equal at any given point of the hoop, which automatically means that the hoop must be in equilibrium at any given place. The correctness of this can be checked very simply: placed on a horizontal surface, the ring remains in place in any given position; if it were not in equilibrium, it would roll. On the occasion of Max Bill's lecture 'On the Irrational in Concrete Art' given to the circle at the gallery run by Josef Müller-Brockman in Rapperswil, he bought the ring, which had just been put on display in the gallery, for his collection.

Form aus rotem und schwarzem Kreisring // Armreif // 1974 // Gold 750, Karneol, Onyx Form from a Red and Black Hoop // bangle // 1974 // 750 gold, cornelian, onyx

Die Form des Armreifs ist das Ergebnis einer Verbindung von zwei gleichen Kreis-ringen, eines roten aus Karneol und eines schwarzen aus Onyx. Beide Ringe wurden in je vier gleiche Segmente geteilt und anschließend alternierend wieder zusammengefügt, wobei acht goldene Scheiben den durch den Sägeschnitt verursachten Verlust wieder ausgleichen. *The form of this bangle is the result of an alliance between two hoops of the same size, a red one of cornelian and a black onyx hoop. The two rings were each divided into four equal segments and then fitted together in alternating segments, with eight gold discs compensating for the material lost when the hoops were cut with a saw.*

Kinetischer Ring // 1973 // Weißgold 750, Grossular, Karneol Kinetic Ring // 1973 // 750 white gold, grossular garnet, cornelian

Kinetischer Ring // 1974 // Weißgold 750, Onyx, weißer Achat Kinetic Ring // 1974 // 750 white gold, onyx, white agate

Die Inspiration zu diesem ersten kinetischen Ring stammt von einem Objekt des Zürchers Paul Thalmann, das ich in der Zeit um 1967 in einer Galerie gesehen hatte. Es ist eines der frühesten „Multiples" (der Begriff „Multiple" war gerade erst entstanden), herausgegeben von der Edition MAT. In einer quadratischen Tafel ist ein regelmäßiges Raster aus Löchern angebracht, in welchem Tischtennisbälle frei beweglich gefasst sind. Die an sich weißen Kugeln sind jeweils zur Hälfte schwarz eingefärbt, dadurch entsteht beim Darüberstreichen mit der Hand ein sich unendlich variierendes und verschieden ausgerichtetes schwarz-weißes Muster.

In den späten 1970er Jahren geriet der Ring zum Streitfall. Ein deutscher Designer, der meine Arbeit in einer Publikation entdeckte, behauptete, diese sei ein Plagiat eines seiner bereits patentierten Modelle, die nebenbei auch in der Sammlung des Schmuckmuseums in Pforzheim vertreten seien. Er drohte mit Sanktionen. Im darauffolgenden Briefwechsel wurden die Fakten auf den Tisch gelegt, und ich konnte auf Grund verschiedener Dokumente, unter anderem der datierten Rechnung der in Schleifauftrag gegebenen Steine, beweisen, dass der Fall genau umgekehrt lag. *The inspiration for this first kinetic ring goes back to an object by the Zurich artist Paul Thalmann which I had seen about 1967 in a gallery. It is one of the earliest 'Multiples' (the term 'Multiple' had just been coined), published by Edition MAT. A regular grid of holes with table-tennis balls let into it so that they are movable has been applied to a square plaque. Half of each of the balls, which are naturally white, has been stained black so that, when you run your hand over the piece an infinitely variable black-and-white pattern results which is orientated in all different directions.*

In the late 1970s this ring became a bone of contention. A German designer, who had discovered my work in a publication, claimed that it plagiarised a model he had already patented which, incidentally, was also represented in the collection of the Schmuckmuseum Pforzheim . He threatened legal action. In the ensuing correspondence facts were tabled and, on the basis of various documents, including the dated invoice for having the stones cut, it was proven that the case was actually the other way round.

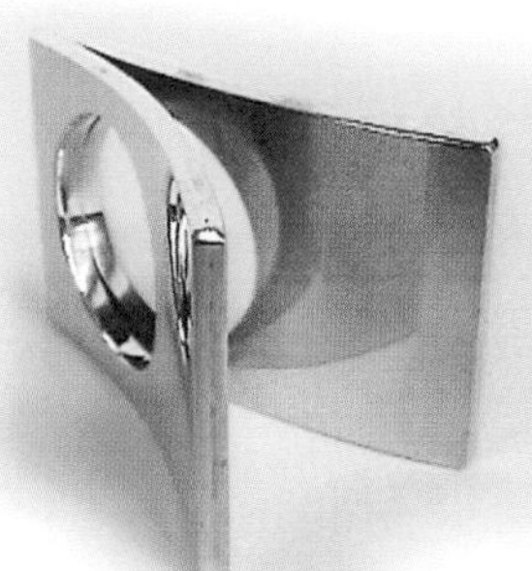

Ring // 1971 // Gelb- und Weißgold 750 Ring // 1971 // 750 yellow and white gold

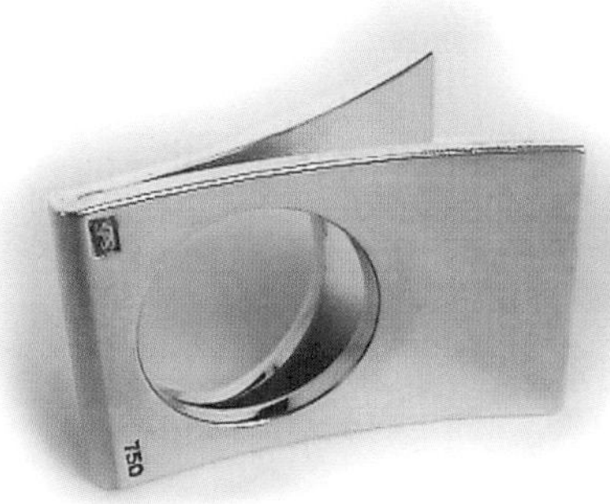

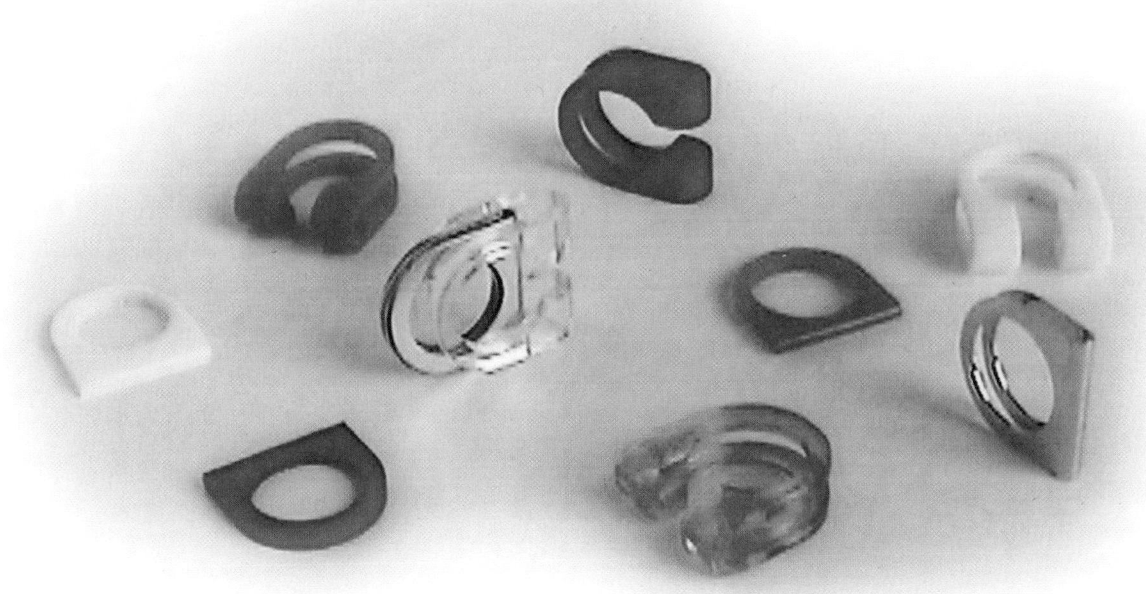

Multi-Ring, dreiteilig und in 7 Farben // 1970 // Acrylglas, Weißgold Multi-Ring, tripartite and in 7 colours // 1970 // acrylic glass, white gold

In einer meiner ersten Begegnungen mit Richard Paul Lohse in seinem Atelier in Zürich nutzte ich die Gelegenheit, ihm den damals frisch entstandenen „Multi-Ring" zu zeigen. Ich war gespannt auf seine Meinung wie auf eine Bestätigung, da mir die Anwendung serieller Prinzipien in der Schmuckkunst bisher unbekannt war. Seine Reaktion war spontan und heftig: Ich erinnere mich an das Wort „unerhört". Noch während er weiterredete, ging er zum Telefon, um seinen Freund, den Fotografen und Filmer Ernst A. Heiniger anzurufen und ihn zur Aufnahme meiner Arbeit in sein Buch über Schmuck „The Great Book of Jewels" zu bewegen, das offensichtlich in Vorbereitung war. Ich wusste von gar nichts. Die Redaktionsfrist war aber längst überzogen. Trotzdem konnte ich in der folgenden Woche bei Heiniger vorstellig werden, der sich dazu entschloss, den Ring mit seinen Variablen zu fotografieren und als Abschluss des umfangreichen Kapitels über das 20. Jahrhundert zu verwenden. *During one of my first encounters with Richard Paul Lohse in his Zurich studio, I took advantage of the opportunity to show him the ‚Multi-Ring', which had then just been made. I was eager to know what he thought of it as confirmation since up to then I did not know that serial principles were in use in jewellery-making. His reaction was spontaneous and vehement: I remember the word 'outrageous'. Even while he kept on talking, he went to the telephone to ring up his friend Ernst A. Heiniger, a photographer and film-maker, and to persuade him to add my piece to 'The Great Book of Jewels', his book on jewellery, which was evidently in preparation. I had no idea what was going on. It was, however, long past the date of going to press. Nevertheless, I was able to introduce myself to Heiniger the following week and he decided to take pictures of the ring with its variants and use it to finish off a comprehensive chapter on the 20th century.*

Schachtel mit Multi-Ring 1970 Box with Multi-Ring // 1970

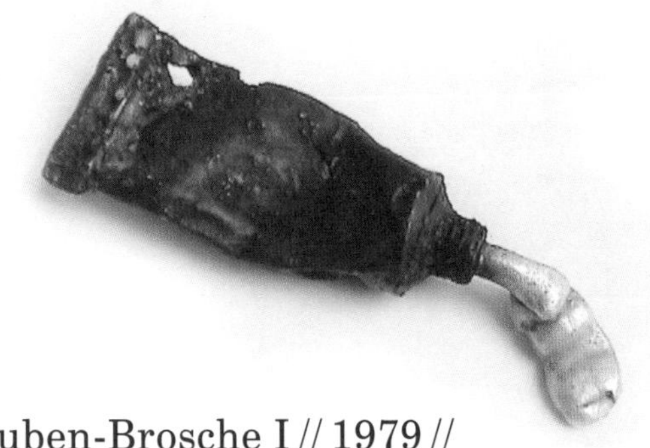

Tuben-Brosche I // 1979 // Gold 750, Grauguss Privatsammlung, Schweiz Tub

I // 1979 // 750 gold, cast iron Private collection, Switzerland

Tuben-Brosche II // 1979 // Gold 750, Grauguss Sammlung Elisabeth & Peter Bosshard, Schweiz Tube Brooch II // 1979 // 750 gold, cast iron Elisabeth & Peter Bosshard Collection, Switzerland

Elementen-Ring // 1976 // Eisen, Aluminium, Zink, Kupfer, Silber, Tantalum, Gold Privatsammlung, Schweiz
Elements Ring // 1976 // iron, aluminium, zinc, copper, silver, tantalum, gold Private collection, Switzerland

Ring // 1975 // Weißgold, Kunststoff Ring // 1975 // white gold, plastic

6 oder 9 // Ring // 1976 // Kobalt 6 or 9 // ring // 1976 // cobaltite

Ein Beispiel aus der Gruppe der „Zahlenringe“, entstanden während der Zusammenarbeit mit Franz Eggenschwiler. Alle Ziffern, deren Form einen Kreis beschreiben (Ausnahmen sind einzig die 1, die 4 und die 7) wurden als Unikate in Wachs modelliert und in Kobalt gegossen. Also sind dies: 2, 3, 5, 6, 8, 9. Die 0 habe ich mit der 1 kombiniert und erhielt damit die 10. *An example from the group of 'Counting Rings', made during the period of collaboration with Franz Eggenschwiler. All the numerals whose form makes a circle (sole exceptions are 1, 4 and 7) were modelled in wax as one-off-pieces and cast in cobaltite. They are, therefore: 2, 3, 5, 6, 8 and 9. I combined 0 with 1 to make 10.*

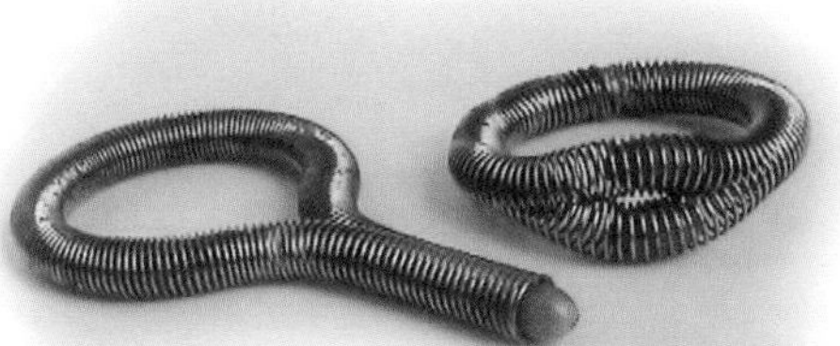

Male – Female // Ring // 1977 // Stahl, Korallen
Male – Female // ring // 1977 // steel, coral

Schraubenschlüssel-Ring // 1977 // Silber 800, Stahl
Spanner Ring // 1977 // 800 silver, steel

Wäscheklammer-Ring // 1977 // Gold 750, Chromstahlfeder Sammlung Elisabeth & Peter Bosshard, Schweiz Clothes-Peg Ring // 1977 // 750 gold, chromium steel spring Elisabeth & Peter Bosshard Collection, Switzerland

Wasserwaage-Ring // 1978 // Chromstahl, Acryl, Wasser Sammlung Elisabeth & Peter Bosshard, Schweiz Spirit-Level Ring // 1978 // chromium steel, acrylic, water Elisabeth & Peter Bosshard Collection, Switzerland

Gipfeli-Ring // 1977 // Gold 750, Patina Sammlung Elisabeth & Peter Bosshard, Schweiz Peak Ring // 1977 // 750 gold, patinated Elisabeth & Peter Bosshard Collection, Switzerland

Kugellager-Ring // 1977 // Gold 750, Kugellagerkugeln Sammlung Elisabeth & Peter Bosshard, Schweiz Ball-Bearing Ring // 1977 // 750 gold, ball bearings Elisabeth & Peter Bosshard Collection, Switzerland

Klapp-Ring // 1977 // Gold 18 Karat Sammlung Elisabeth & Peter Bosshard, Schweiz Folding Ring // 1977 // 18 ct gold Elisabeth & Peter Bosshard Collection, Switzerland

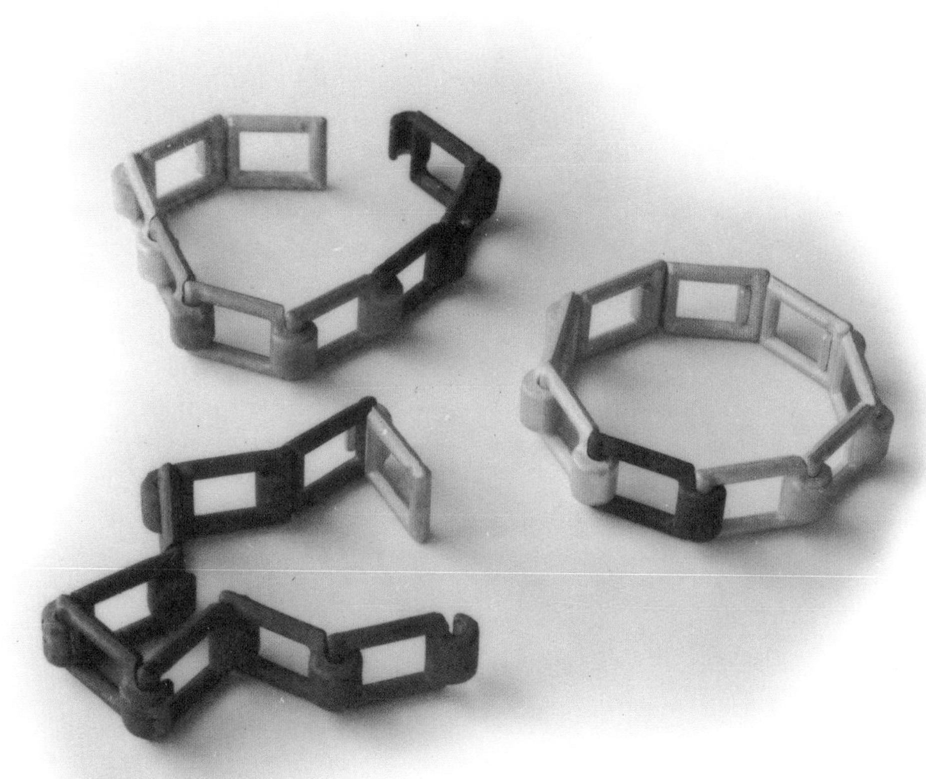

Ketten-Armbänder // 1979 //
Austauschbare Elemente aus Gold 750, Silber, Bronze, Stahl
Privatsammlung, Schweiz

Chain bracelets // 1979 // interchangeable elements of 750 gold, silver, bronze, steel
Private collection, Switzerland

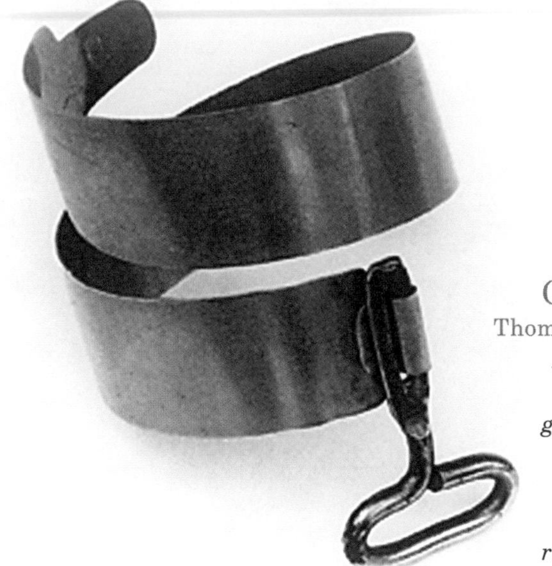

Büchsenöffner-Armband // 1977 // Gold, Büchsenöffner Sammlung Thomas Bechtler, Schweiz

Can-Opener Bracelet // 1977 // gold, can-opener
Thomas Bechtler Collection, Switzerland

Die Armspange entstand unter dem Eindruck eines präkolumbischen Armschmucks aus Peru, den ich in einer Ausstellung gesehen hatte. Er bestand lediglich aus einem spiralig gerollten Goldblech ohne jede Verzierung. Ich assoziierte damit jene Blechspiralen, die sich beim Öffnen gewisser Dosen ergeben. In einer weiteren Variante vertauschte ich die Materialien: der Schlüssel ist dort aus Gold, die Spirale aus Blech.

This adjustable bangle was created under the impression made on me by a Pre-Columbian bracelet from Peru I had seen at an exhibition. It consisted solely in sheet gold, rolled into a spiral, without any decoration. I associated with it those spirals of tin which result from opening some cans. In another variant I exchanged the materials: the key there is gold and the spiral is tin.

Pneu-Ring // 1978 // Gold 375, Gummi Tyre Tube Ring // 1978 // 375 gold, rubber

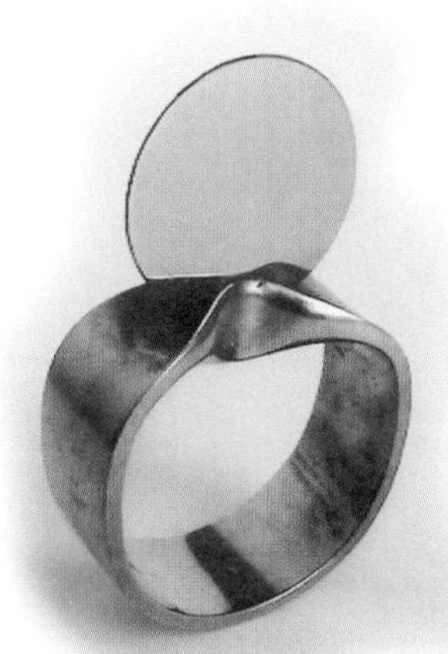

Spieglein-Ring // 1977 // Gold 22 Karat, Chromstahl Mirror Ring // 1978 // 22 ct gold, chromium steel

Spießer-Ring mit Hütchen // 1977 // Gold 750, Chromstahl Petty Bourgeois Ring with Cap // 1977 // 750 gold, chromium steel

Fragezeichen-Ring // 1977 // Silber 800, Stahl, Zuchtperle Question Mark Ring // 1977 // 800 silver, steel, cultured pearl

Die Idee eines Rings, der sich selbst in Frage stellt, oder weiter ausgeholt, der Schmuck, der sich selbst in Frage stellt. *The idea for a ring which questions its own assumptions or, taken further, jewellery which questions its own assumptions.*

Arm-Band // 1977 // Acrylfolie, Alufolie, Heftklammern
Bracelet // 1977 // acrylic foil, aluminium foil, staples

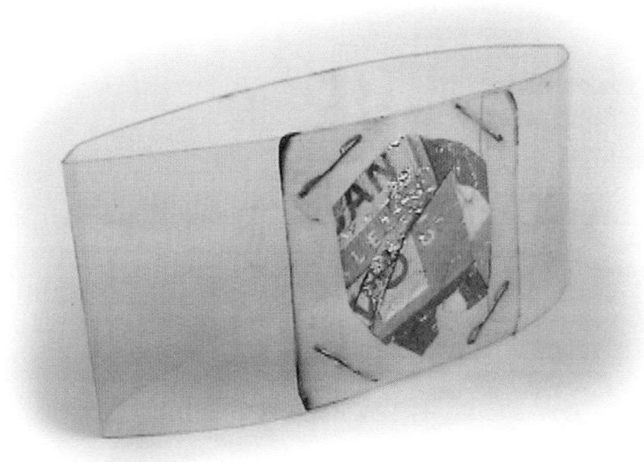

Kinder-Kette // 1977 // Plastik,
Gold 750 Sammlung Annelies Štrba, Schweiz
Children's Bracelet // 1977 // plastic, 750 gold
Annelies Štrba Collection, Switzerland

Harlekin-Ring // 1977 // Silber, Gold Harlequin Ring // 1977 // silver, gold

In einen Stahlkonus habe ich verschiedene Gold- und Silberabfälle gepresst, so ähnlich wie Schrott zu Blöcken gepresst wird. Durch reinen Zufall entstand dabei die Zeichnung eines Harlekingesichts, mit einem spitzen Zaubererhut auf dem Kopf. Ich glaube kaum, dass ich das Stück verwendet hätte, wenn nicht diese Fügung „dazwischengekommen" wäre. *I pressed various scraps of gold and silver into a steel cone, rather as scrap metal is compressed into blocks. Purely by chance a harlequin face appeared, as if drawn with a peaked wizard's hat on its head. I doubt whether I would have used this piece if fate had not thus 'intervened'.*

Gras-Ring // 1977 // Gold 750 Grass Ring // 1977 // 750 gold

Der Ring beruht auf einer Kindheitserinnerung. Auf Ausflügen und Wanderungen während des Hochsommers pflegten die Kinder damals, Fingerringe und Armbändchen aus den reifen Grashalmen zu winden, so auch ich. Wenn auch diese Art „Instantschmuck" nur wenige Stunden hielt, fanden wir Gefallen daran. In der goldenen Form bleibt ein Rest der Kindheitsromantik bewahrt, die ebenso gut, so denke ich, aus einer ägyptischen Grabkammer stammen könnte. *This ring is based on a childhood memory. On mid-summer excursions and country walks, children used to twist rings and little bracelets of ripe grass stalks and so did I. Even though this type of 'instant jewellery' only lasted a few hours, we loved it. In the gold form a relic of childhood romanticism has been preserved which, I think, might just as easily have come from an ancient Egyptian tomb.*

Lindenblüten-Ring // 1977 // Gold 750
Privatsammlung, Zürich, Schweiz Lime Flower Ring // 1977 // 750 gold Private collection, Zurich, Switzerland

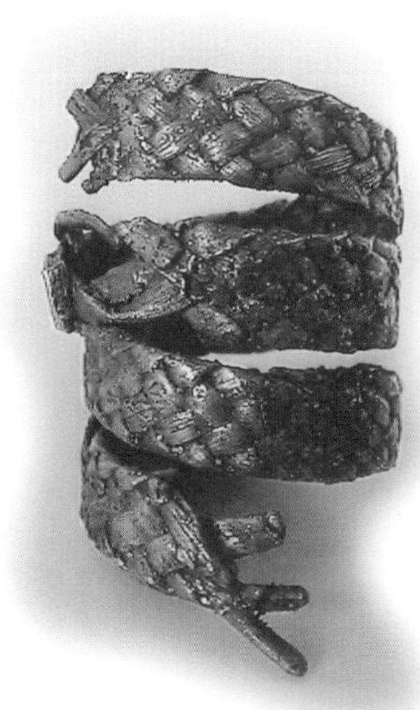

Strohflechtfragment // Ring // 1978 // Gold 333
Fragment of Woven Straw // ring // 1978 // 333 gold

Dürres Ästchen // Armreif // 1977/78 // Silber Dry Twig // bangle // 1977/78 // silver

Frühlingszweig // Armreif // 1977/78 // Silber
Spring Branch // bangle // 1977/78 // silver

Die Armreife „Dürres Ästchen" und „Frühlingszweig" bilden ein Paar für die linke und die rechte Hand.

The bangles 'Spring Branch' and 'Dry Twig' form a pair, with one for each hand.

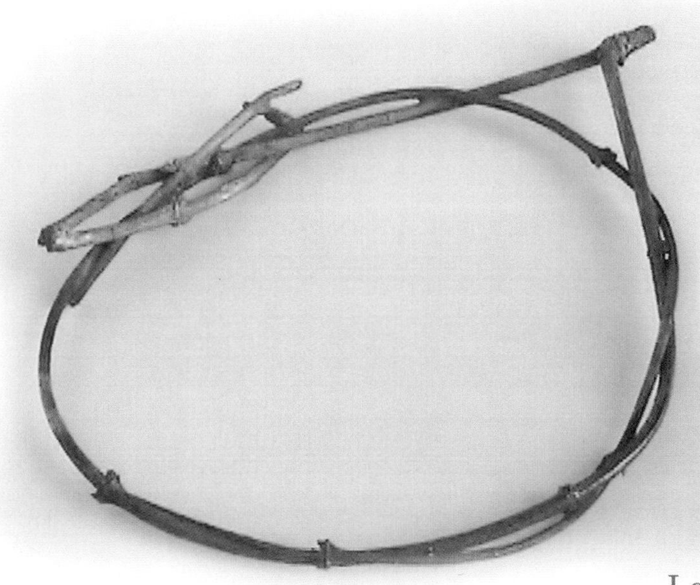

Verschlaufter Zweig // Armreif // 1978 // Gold
Looped Twig // bangle // 1978 // gold

Ringel-Ring // 1978 // Kobaltguss Ringlet Ring // 1978 // cast cobaltite

Die unberechenbare, formale Eigenwilligkeit im Wachstumsverlauf der Ranken von Reben vermag mich immer wieder zu verblüffen; ebenso erstaunlich erscheint mir deren Dauerhaftigkeit und „funktionale Tüchtigkeit“. Schon aus verhältnismäßig großer Distanz „erkennen“ sie die potenziellen Kletterhilfen und Verankerungspunkte, seien es Ritzen in einer Mauer oder vorspringende Objekte wie beispielsweise ein herabhängender Draht oder ein an die Wand gestellter Besenstil. Aus dieser Beobachtung heraus entstand das Konzept, einen Ring allein durch die Natur gestalten zu lassen. Die Protagonisten: Die alte Rebe an unserer Hausmauer und ein „angebotener“ Besenstil mit dem ungefähren Durchmesser eines Fingers. *The incalculable formal idiosyncrasy in the way grapevines grow always amazes me. I find their durability and 'functional efficiency' just as astonishing. Even from quite a distance they 'spot' potential climbing aids and points to which they can hold fast; these might be cracks in a wall or projecting objects, such as a wire hanging down or a broomstick leaning against the wall. From this observation stems the concept of allowing nature to design a ring unaided. The protagonists: the old grapevine on the wall of our house and a broomstick 'providing' roughly the diameter of a finger.*

Ästchen-Brosche // 1978 // Kobaltguss Little Branch Brooch // 1978 // cast cobaltite

Reduktion, Revolution, Reanimation
Reduction, Revolution, Reanimation

Christof Kübler

Im Jahre 1988 publizierte Bernhard Schobinger einzelne seiner Arbeiten in einem ungewöhnlichen Buch, einem Buch, das weit über die Dokumentation einer wie auch immer gearteten Bestandsaufnahme und Präsentation seiner Arbeiten hinausging. Allein der Titel zeigt dies: „Devon, Karbon, Perm“.[1] Vielleicht ein Gesamtkunstwerk, jedenfalls der Versuch, das eigene Schaffen in einen größeren Kontext zu stellen. Das Layout des Buches stammte aus der Hand Schobingers; seine Frau, die Fotokünst-

In 1988 Bernhard Schobinger published some of his pieces in an unusual book, one that went far beyond being merely a documentary record, of whatever type and form of presentation, as an inventory of his work. The title alone shows that this is so: 'Devon, Karbon, Perm' ['Devonian, Carboniferous, Permian'].[1] A *Gesamtkunstwerk*, a total work of art, perhaps, in any case an attempt to place what he had created in a wider context. The layout of the book was also Schobinger's work. His wife, the art photographer Annelies Štrba, did the photography and styling; Sonja, their

lerin Annelies Štrba, arbeitete als Fotografin und Stylistin mit; Sonja, ihre Tochter, stand Modell. Keine Typografie findet sich in diesem Buch, nur handschriftliche Notizen, und diese sind in fernöstlicher Art von oben nach unten geschrieben. Sämtliche Schwarz-Weiß-Fotografien halten den Funktionszusammenhang zwischen Objekt und Trägerin fest, sind selbst Kunstobjekte.[2]
Schobingers Entscheidung, die Arbeiten so zu veröffentlichen, zeugt von Spürsinn für die Qualität des eigenen Werks. Es wird in einem annähernd realen Umfeld gezeigt: Dem Betrachter wird dadurch der allzu schnelle Einstieg in das Werk erschwert. Die Randnotizen im Buch erklären knapp und präzise die Sachverhalte im Hinblick auf die Materialien und lassen da und dort auch Titel verlauten: „Plastik, Kobalt, N.Y., ZH, 1980/87", „Titan, Zink, Plastik, 1983", „Holz, Farbe, Zuchtperlen, Weissgold 750, 1985", aber eben auch „Gefundenes Computerteil, 1978/88, Gold 750, Nylon", oder „Das Klavierscharnier, 1986, Messing, Farbe", „Gebrauchtes Schmirgelpapier, Gold, 1984". Die Titel verweisen zwar auf Schobingers künstlerische Interessen, eine weitergehende Interpretation der Arbeiten ist jedoch vom Betrachter zu leisten. Ein Umstand, der provoziert und herausfordert. Da wird mit Materialverfremdungen und „Formverfrachtungen" gespielt, da werden alte Farbstifte, Fräsenblätter, aber auch amulettartige Gegenstände in einen neuen Kontext gestellt.

Gefundenes Computerteil
Found Computer Part
Seite Page 98

daughter, posed as the model. There is no typography in this book, only hand-written notes, and they are written in the Far Eastern manner running from top to bottom. All these black-and-white photographs capture the functional connection between the object and the wearer and, moreover, are art objects in their own right.[2]
Schobinger's decision to publish the works in this way attests to his infallible nose for the quality of his own work. It is shown in an environment closely approaching reality: viewers' access to the work has thus been deliberately slowed down. Notes written in the margins of pages elucidate succinctly and precisely what is what as far as the materials are concerned, now and then also mentioning titles: 'Plastic, cobalt, N.Y., ZH, 1980/87', 'wood, paint, cultured pearls, 750 white gold 750, 1985' and even 'Found part of a computer, 1978/88, gold 750, nylon', 'Piano hinge, 1986, brass, paint', or 'Used sandpaper, gold, 1984'. Although the titles do give an indication of what Schobinger is concerned with as an artist it is up to viewers to interpret more searchingly, a circumstance both provocative and challenging. The alienation of materials and overloading of referential form are played with. Then again, old colour pencils, milling-cutter dies and also amulet-like objects are placed in new contexts.

Das Ordnungsprinzip

„Die Entdeckung der konkreten Kunst brachte die entscheidende Wende und befreite mich vom Zwang zum Individualistischen, von dem ich mir den Ausweg aus meiner Orientierungslosigkeit versprochen hatte".[3] In seiner Gier nach Wissen und Erfahrung, so berichtet Schobinger, habe er alles aufgesaugt, was er habe erreichen können – aufgesaugt wie ein Schwamm, unreflektiert. Hinzu sei jedoch eine große Ratlosigkeit gekommen, da ihn die Vielfalt der Stile, die Verschiebung ästhetischer Paradigmen und die Freiheit, alles machen zu können, in seiner eigenständigen, individuellen Entwicklung regelrecht überfordert hätte. Bernhard Schobinger erwähnt dies in Zusammenhang mit einem seiner frühen, von ihm als „Schlüsselwerke" bezeichneten Arbeiten aus dem Jahre 1968: „Unendliche Schleife, Gold 750, Rundprofil von 3 mm Durchmesser". Der Text verrät, welche Faszination die Arbeiten von Max Bill – konkreter Künstler, Begründer der Produkte-Auszeichnung „Die gute Form" und von 1951 bis 1956 Leiter der Hochschule für Gestaltung in Ulm – auf ihn ausgeübt hatten. Schobinger sah eine große Herausforderung darin, dessen erklärte Prinzipien im Umgang mit der Linie, der Farbe, der Fläche, dem Volumen und dem Raum in den Bereich der Schmuckkunst zu übertragen. Man ist versucht, einen bereits während Schobingers Lehrzeit in Schwarzarbeit entstandenen Ring in diesem Umfeld anzusiedeln.[4]

Ring Ring
Seite Page 15

The ordering principle

'Discovering Concrete art represented a decisive change, freeing me from the constraints of individualism, from which I had promised myself to find a way out of my lack of orientation.'[3] In his thirst for knowledge and experience, as Schobinger tells it, he absorbed anything he could get hold of – absorbed it like a sponge without reflecting on it. However, the process was accompanied by a feeling of utter helplessness since the great variety of styles, the dislocation of aesthetic paradigms and the freedom to make anything was all simply too much for him in his independent, personal development process. Bernhard Schobinger mentions this in connection with an early work dating from 1968, one of those he terms his 'key works': 'Endless Loop [Möbius Strip], 750 gold, round rim profile 3 mm in diameter'. The text reveals the fascination exerted on Schobinger by the work of Max Bill – Concrete artist, founder of the product award for 'good form' and from 1951 to 1956 head of HfG, the Ulm College of Design. Schobinger saw translating Bill's stated principles for dealing with line, colour, surface, volume and space into the art of jewellery-mak-

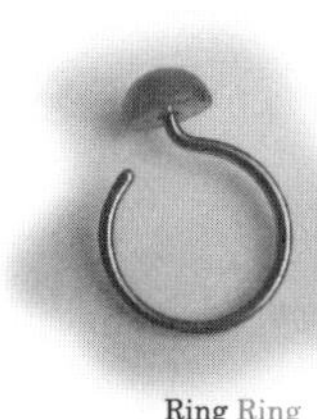

Ring Ring
Seite Page 10

Schobinger setzte – mit Blick auf Max Bill – zu Beginn seiner Laufbahn als Freischaffender im Jahre 1968 auf die Anwendung von Ordnungsprinzipien, wie sie in der jüngeren Geschichte der Gestaltungstheorie immer wieder formuliert wurden. Beispielsweise durch Gottfried Semper, der in der zweiten Hälfte des 19. Jahrhunderts der eklektischen Beliebigkeit industriell gefertigter Güter mit dem Rückgriff auf herausragende, historisch überlieferte Typen entgegenzutreten suchte und funktions-, material- sowie konstruktionsgerechte Formen forderte.[5] Oder auch durch das Bauhaus in Dessau, das ab 1926 klar für eine reduktionistische, funktionalistische Gestaltungstheorie eintrat. Der Gedanke des Gesamtkunstwerks jedenfalls schlug durch. Er umfasste Haus, Mobiliar und Kunst, propagierte reduzierte Ästhetik, maschinelle Herstellung, industriellen Ausdruck. Die Forderung von Adolf Loos nach Ornamentlosigkeit, die er in seinem Aufsatz „Ornament und Verbrechen" im Jahre 1908 radikal und aufsehenerregend formuliert hatte, war ein Stück weit eingelöst.[6] Der Nützlichkeitsanspruch dominierte, das einfach nur Schöne, „Nutzlose", hatte sich, wenn es überhaupt eine Rolle spielte, zu behaupten.

ing as a challenging task indeed. It is tempting to place a ring Schobinger made as a moonlighter while still an apprentice in this context.[4]

From the outset of his career as a freelance artist in 1968, Schobinger laid enormous emphasis – with an eye to Max Bill – on the use of ordering principles as they have been formulated and reformulated in recent design theory. By Gottfried Semper, for instance, who sought to counteract the eclectic arbitrariness of industrially produced goods during the latter half of the 19th century by reverting to outstanding, historically transmitted types and called for functional forms that were fair to both materials and construction.[5] Or also by the Bauhaus in Dessau, which, from 1926, championed a reductionist, functionalist theory of design. The idea of the *Gesamtkunstwerk*, the total work of art, asserted itself in any case. Encompassing the house, its furnishings and appointments and art, it propagated a reductionist aesthetic, machine manufacture and industrial expression. Adolf Loos's call for lack of decoration, radically and sensationally formulated in the essay 'Ornament and Crime' (1908), was by now well on the way to being met.[6] The utilitarian claim prevailed; what was merely beautiful and, therefore, 'useless', was forced to assert itself, if indeed it played a role at all.

Max Bill answered this radical interpretation of what design should be prevailing in the first half of the 20th century with a cautionary manifesto in the form of an article written in 1949 for the Swiss architectur-

Ein behutsames Manifest gegen diese radikale Auslegung des Designbegriffs aus der ersten Hälfte des 20. Jahrhunderts setzte Max Bill 1949 mit einem Artikel in der Zeitschrift „Werk“. Dem unermüdlichen Ruf der funktionalistischen Gralshüter, die Schönheit oder Form eines Produkts nur als Resultat einer funktions-, material- und konstruktionsgerechten Umsetzung anzusehen, fügte Bill den Ruf nach Schönheit der Form als eigenständige Funktion hinzu: „Denn“, so Bill, „für uns ist es selbstverständlich geworden, dass es sich nicht mehr darum handeln kann, die Schönheit allein aus der Funktion heraus zu entwickeln, sondern wir fordern die Schönheit als ebenbürtige Funktion, dass sie gleichermassen Funktion sei.“[7] Nicht das Entweder-oder, sondern das Sowohl-als-auch wurde propagiert. Eindrückliche Beispiele lieferte Bill mit seinen Schmuckentwürfen selbst.

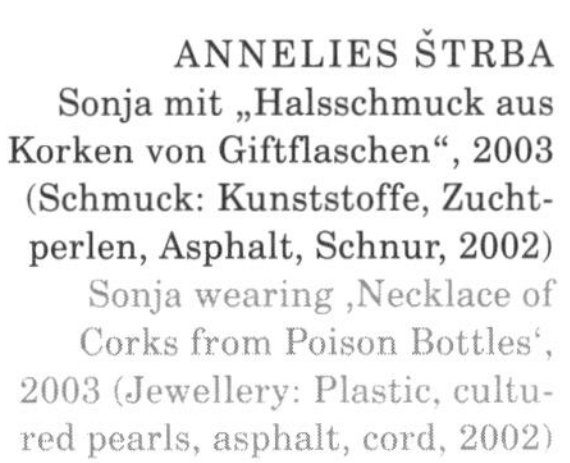

ANNELIES ŠTRBA
Sonja mit „Halsschmuck aus Korken von Giftflaschen“, 2003 (Schmuck: Kunststoffe, Zuchtperlen, Asphalt, Schnur, 2002)
Sonja wearing ‚Necklace of Corks from Poison Bottles‘, 2003 (Jewellery: Plastic, cultured pearls, asphalt, cord, 2002)

al magazine 'Das Werk'. Bill added a call for beauty of form as an independent function to the incessant clamour made by the keepers of the Functionalist flame for regarding the beauty or form of a product solely as the result of aesthetic translation of function into terms that were fair to material and construction: 'For', thus Bill, 'it has become a matter of course to us that it can no longer be a question of developing beauty solely from function but instead we call for beauty as an equal function in its own right so that it is just as much a function.'[7] 'Both ... and' rather than 'either ... or' was the agenda. Bill set an impressive example in his own designs for jewellery.

To stop the rampant inflation of formal design that threatened to break out, Max Bill consequently introduced a sort of corrective, thus creating

Um der drohenden Inflation formaler Gestaltung Einhalt zu gebieten, führte Max Bill also eine Art Korrektivum ein und setzte damit ein gestalterisches Axiom: Der ingenieurmäßige Rationalismus war zu synthetisieren mit der konstruktiven Schönheit, was nichts anderes meinte, als dass Bill die Formidee mit den praktischen Anforderungen harmonisch zu verbinden suchte.

Mehrere Arbeiten Schobingers sind diesem Gedankenumfeld verpflichtet, das durch Namen wie dem des „visionären" Richard Paul Lohse, aber auch dem von Josef Müller-Brockmann – einem seiner Förderer und Begründer der Galerie 58 in Rapperswil – erweitert werden muss. Es entstanden Arbeiten zum Thema Fläche wie „Die unendliche Fläche" von 1969 oder zum Thema Bewegung wie der „Kinetische Ring" von 1973. Rückblickend hält Schobinger aber auch fest, dass ihm ein von Bill im Zirkel der Galerei 58 gehaltener Vortrag mit dem Titel „Über das Irrationale in der Konkreten Kunst" in bester Erinnerung sei. Das Irrationale als Wirklichkeit stellte darin eine weitere Ebene, eine weitere Funktion gestalterisch-künstlerischer Tätigkeit dar. „Wo sich Lohse in einen ideologischen Idealismus verbeisst und sich im Anspruch auf politische Verbindlichkeit vermisst (von vermessen)", so Schobinger, „spannt Bill einen Bogen zu C.G. Jung und den komplexeren Schichten des Bewusstseins".[8] Der letzte Aspekt wird für Schobingers weitere Arbeiten bis in die jüngste Zeit hinein immer wieder und kulturenübergreifend von Bedeutung bleiben.

Kinetischer Ring
Kinetic Ring
Seite Page 20

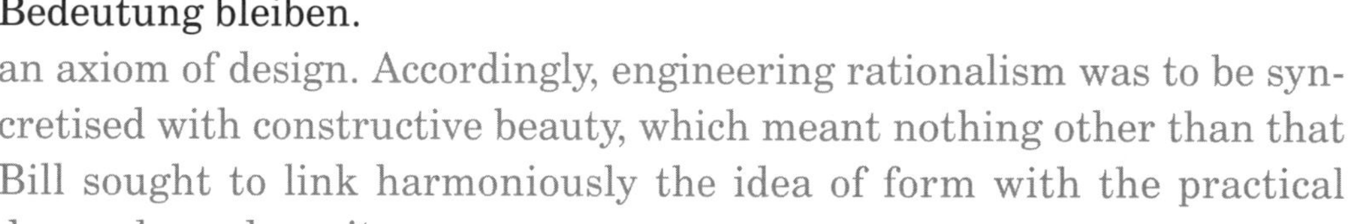

an axiom of design. Accordingly, engineering rationalism was to be syncretised with constructive beauty, which meant nothing other than that Bill sought to link harmoniously the idea of form with the practical demands made on it.

Several of Schobinger's pieces show a commitment to this intellectual context, which must be enlarged by the addition of names such as the 'visionary' Richard Paul Lohse and Josef Müller-Brockmann – a promoter of Schobinger's work and the founder of Galerie 58 in Rapperswil. Works emerged dealing with the themes of surface, including 'The Endless Surface' (1969) and movement, such as 'Kinetic Ring' (1973). In retrospect, Schobinger readily admits that he has never forgotten a lecture given by Bill to the Galerie 58 circle entitled 'On the Irrational in Concrete Art'. The irrational as reality represented another plane, a further function, of the act of designing and creating art. 'Where Lohse has got so caught up in an ideological idealism that he has missed out through a mistaken (from making a mistake in measuring, resulting in arrogance) claim to political relevance,' according to Schobinger, 'Bill links up with

Ausbruch: Materialverfremdung und „Formverfrachtung“

Die 1970er Jahre und die „bewegten Jahre“ um 1980 waren für Schobinger richtungsweisend. Zwar lassen sich auch in seiner konkreten Phase einzelne „Ausreißer“ festmachen, etwa der „Lippenstift-Ring“ von 1970, doch werden in den fortgeschrittenen 1970er Jahren die Ausreißer dominant und allmählich um gezielte Nachbildungen von einfachen Alltagsgegenständen erweitert, wie beispielsweise im „Büchsenöffner-Armband“ aus Gold von 1977 oder in der „Tuben-Brosche“ von 1979. Auch fanden Alltagsrelikte als wirkliche *objets trouvés* unvermittelt Eingang in sein Werk, wie zum Beispiel der „Flaschendeckel-Ring“ von 1979.

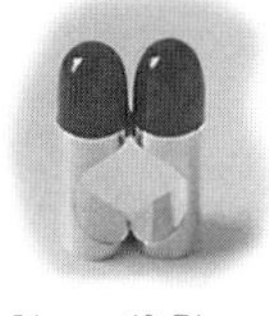

Lippenstift-Ring
Lipstick Ring
Seite Page 17

Der Bericht des Club of Rome prophezeite 1972 düstere Zukunftsaussichten für die Industriegesellschaft. Das Wachstum, so heißt es darin, gefährde die eigene Existenzgrundlage, und auch Fragen nach Rohstoffressourcen, steigender Bevölkerungsdichte oder Umweltverschmutzung wurden nicht ausgeklammert. Fragen, die mit den neuen sozialen Bewegungen, verstärkt durch die 68er-Revolte zusehends ins breitere öffentliche Bewusstsein traten. In Zürich folgte die bewegte Zeit der Jugendunruhen zu Beginn der 1980er Jahre, deren Themen Schobinger bereits beschäftigten.[9] Caroline Kesser formuliert daher treffend: „Der anarchische Ausbruch lag ihm näher als die ideologisierte Revolte“.[10] Der gestalterische Fokus von Schobingers Arbeiten lag fortan nicht in der

Büchsenöffner-Armband
Can-Opener Bracelet
Seite Page 30

C.G. Jung and the more complex layers of consciousness.'[8] This last aspect crops up repeatedly and would remain relevant and of transcultural value in Schobinger's subsequent work on down to the most recent past.

Breaking loose: the alienation effect in material and 'loading form with references'

Tuben-Brosche I
Tube Brooch I
Seite Page 24

The 1970s and the 'turbulent years' around 1980 determined the path Schobinger would take. Individual 'aberrations' such as the 1970 'Lipstick Ring' do occur in his Concrete phase but as the 1970s were drawing to a close, the aberrations became dominant, with their number gradually enlarged by deliberate reproductions of simple everyday objects, such as the gold 'Can-Opener Bracelet' (1977) and the 'Tube Brooch' (1979). Relics of the detritus of everyday living were incorporated unmediated in his work as real *objets trouvés*, for instance in the 1979 'Bottle-Top Ring'.

The Club of Rome report issued in 1972 prophesied a bleak outlook for industrial societies. Growth, it says, jeopardised the basis of its own existence. Nor were the crucial questions of raw materials shortages, increas-

werkimmanenten Formschöpfung auf der Basis von Ordnungsprinzipien, sondern im Versuch, Themen wie „Alltag“ und „Gesellschaft“ in seinen Arbeiten aufzugreifen. Die Lebenswirklichkeit, die soziale Realität und deren Interpretationen hielten Einzug in sein Schaffen.[11] Schmuckkunst nun verstanden als Seismograph und Ausdruck gesellschaftlicher Befindlichkeit? Ja! Im Falle Schobingers mit neodadaistisch-surrealen wie zunehmend auch symbolischen Fragestellungen und Antworten.
Eine Ausstellung im Museum Bellerive in Zürich im Jahre 1978, zusammen mit Franz Eggenschwiler, belegt diese neue Stoßrichtung eindrücklich.[12] Dem konkreten, übergeordneten Ordnungsprinzip trat die Zeichenhaftigkeit des Alltags entgegen. Die in der Ausstellung gezeigten Arbeiten lösten die traditionellen Grenzen zwischen angewandter und bildender Kunst auf. Es folgten weitere Ausstellungen mit Schobingers Beteiligung, beispielsweise 1980 in Le Havre, kuratiert von Fritz Billeter[13], oder 1981 im Aargauer Kunsthaus Aarau unter der Leitung von Heini Widmer mit einem „legendärem Konzert“ von „Lilliput“ und „Bermuda Idiots“ nach der Vernissage.[14] Ohne einer wissenschaftlichen,
ing population density and environmental pollution left out, issues which, reinforced by the 1968 student revolts, increasingly came to occupy a broader segment of public awareness. In Zurich the turbulent era of youthful revolt took place in the early 1980s at a time when Schobinger had already been preoccupied with the themes it took up.[9] Caroline Kesser, therefore, hits the nail on the head: ‘Breaking loose into anarchy was more his thing than a revolt permeated with ideology.’[10] Thenceforward Schobinger concentrated in design on attempting to address themes such as ‘every day’ and ‘society’ in his work rather than focusing on the creation of form as immanent in the work itself on the basis of ordering principles. Real life as it was lived, social reality, and interpreting it made a triumphal entry into his creative work.[11] The art of jewellery-making, now viewed as a seismograph and expression of the state of society? A resounding yes to this! In Schobinger’s case with Neo-Dadaist and Surreal as well as, increasingly, symbolic questions and answers.
A joint exhibition with Franz Eggenschwiler mounted by the Museum Bellerive in Zurich in 1978 amply furnishes impressive evidence for this new departure.[12] The sign character of everyday living now counteracted the overarching Concrete ordering principle. The works shown at this exhibition blurred the traditional boundaries between the applied and the fine arts. This show would be followed by more exhibitions in which Schobinger participated, for example, in Le Havre in 1980, with Fritz Billeter as curator[13], and at the Aargau Kunsthaus Aarau in 1981 under

bislang noch ausstehenden Aufarbeitung von Schobingers künstlerischem Werk vorzugreifen, lassen sich von den 1970er und den frühen 1980er Jahren bis heute zwei große Themenfelder ausmachen: das der neodadaistisch-surrealen Gesellschaftskritik und das der imaginären Ordnungsprinzipien.

Neodadaistisch-surreale Gesellschaftskritik

Die Arbeit datiert ins Jahr 1979: Die Verpackung – eine kleine schwarze Schachtel, ursprünglich für Ektachrome-Planfilme der Marke Kodak gedacht – wurde vom Künstler recycliert, mit türkisfarbenem Schaumstoff ausgefacht und mit schwarzem Filzstift auf die Grundfarbe der Verpackung hin nachbearbeitet. Das Behältnis „hütet" zwei orangefarbene, handelsübliche Dübel der Größe 10 mit je einer speziell montierten, gedrehten und gebogenen Anhängevorrichtung aus Gold. Der Dübel erscheint hier nicht mehr als Verankerungs- oder Keilhilfe, sondern wird künstlerisch zum *objet trouvé* erklärt, in einen neuen Kontext überführt und gleichsam multicodiert. Ihr Titel: „Rote Bomben".

Das Buch „Eiszeit Juwelentraum(a)"[15], ein „Bericht zur Lage der Nation", geht – in Koinzidenz mit den Zürcher Jugendunruhen – programmatisch mit Scherben, Nägeln, Gummi- und Plastikabfällen in Kombination mit edelsten Materialien „gegen die Hüter eines auf Prestige bedachten Systems und die Zunft der Goldschmiede, die ihnen die entsprechenden Abzeichen lieferte", vor.[16] Ja, Schobinger misstraut den Dienern und Symbolen der Macht und tritt ihnen mit seinen eigenen Mitteln entgegen, etwa 1983 mit dem Halsschmuck aus verschiedenfarbigen Kämmen

Heini Widmer's supervision with a 'legendary concert' by 'Lilliput' and the 'Bermuda Idiots' after the vernissage.[14] Without meaning to anticipate the still sorely needed academic study of Schobinger's creative work, one can state that it falls into two large thematic groupings from the 1970s and the early 1980s to the present: Neo-Dadaist and Surreal social criticism on the one hand and imaginary ordering principles on the other.

Neo-Dadaist-Surreal social criticism

The work dates from 1979. Its packaging – a little black box originally intended for Kodak Ektachrome sheet film – was recycled by the artist, lined with turquoise foam plastic and processed with black felt-tipped pen to match the basic colouring of the packaging. The container 'safeguards' two orange standard commercial No 10 dowels, each of which is specially mounted with a twisted and bent gold suspension lug. The dowel here no longer seems like an aid to firmly anchoring or wedging; it has been

und Kobaltdrahtverbindungen, betitelt: „Nur sauber gekämmt sind wir wirklich frei“. Es gibt weitere signifikante Schmuckstücke, mit denen Schobinger sich am gesellschaftlichen Diskurs beteiligte und Position bezog. Beispielsweise mit dem in Kobalt gegossenen Ring mit einem kleinen aufgelöteten Eisensägeblatt von 1989. Sein Titel: „Sägen-Ring (für Walter Stürm)“, eine Hommage an Walter Stürm, den Ausbrecherkönig, der zeitlebens auf der Flucht oder eingesperrt war und innerhalb der progressiven Szene zur Symbolfigur stilisiert worden war. Stürm schied 1999 durch Freitod in einer Gefängniszelle aus dem Leben.
Beim Durchblättern des eingangs zitierten Buches „Devon, Karbon, Perm“ entdeckt man weitere Objekte dieser Art: Der rote Feuerball auf

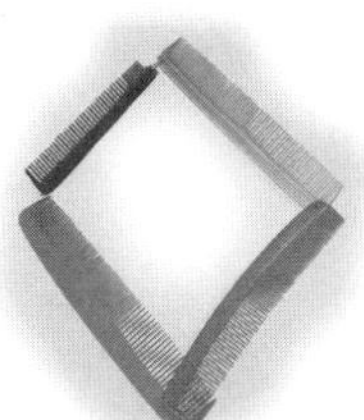

Nur sauber gekämmt sind wir wirklich frei
We are only really free when we are neatly combed
Seite Page 92

ANNELIES ŠTRBA
Sonja mit „Isolatoren-Kette“, 2002 (Schmuck: Porzellan, Nylon, 1986) Sonja wearing 'Insulator Necklace', 2002 (Jewellery: Porcelain, nylon, 1986)

declared an *objet trouvé* in the artistic sense, with multifarious coding, as it were. Its title: 'Red Bombs'.
The book 'Eiszeit Juwelentraum(a)', ['Ice Age Jewellery Dream (Trauma)'][15], a 'report on the state of the nation'– coinciding with the Zurich youth rebellion – 'takes on the guardians of a system mindful of prestige and the goldsmiths' guild, which provided them with the suitable badges', with an agenda based on sherds of glass, nails, rubber and plastic detri-

dem Cover entpuppt sich beispielsweise als Armreif in Form eines stählernen Fräsenblattes (1984) am Handgelenk der jungen Frau. Mit dem „Wutobjekt" von 1992 gelingt Schobinger aufgrund der technischen und formalen Grenzüberschreitungen gar die Aufnahme in die in Tokio erschienene „Jewelry Bible": Eine Silbergabel traktierte er mit Beilhieben, die Gabelspitzen krümmte er, mit Schneidewerkzeug entfernte er den Griff; auf der Rückseite ist das Objekt, da als Brosche zu tragen, mit einer Nadel aus Kobaltdraht versehen. Das „Wutobjekt" ist aber nicht einfach ein traktierter Gegenstand, sondern es verweist im übertragenen Sinne auf die physikalischen Kräfte, die auf es niedergegangen sind, es lässt Spuren des Werkzeugs und Verbiegens erkennen: ein Wutobjekt eben! Es ist zugleich Spur, Indiz, Quelle und Akkumulation.
Es kann aber auch die einfache Verwendung eines Elektrobinders als Armreif sein, abgegossen und emailliert, der plötzlich mehr als nur Alltagsgegenstand ist. Man bedenke, dass auch die Polizei dieses Teil aus dem angestammten Kontext des Elektrikers in den der Justiz überführt und zur Fesselung von Verdächtigen verwendt. Eindrucksvoll ist schließlich auch eines von Schobingers jüngsten Objekten: „Ursache und Wir-

tus, combined with the most precious materials.[16] Yes, Schobinger is suspicious of the servants and symbols of power and confronts them with devices of his own invention and making, for instance in 1983 with a necklace made of combs of different colours linked with cobalt wire: 'We are only truly free when neatly combed.' There are other significant pieces of jewellery with which Schobinger has participated in the social discourse and taken up a stance. They include a ring cast in cobalt with a little steel saw blade soldered on to it (1989). Its title is 'Saw Ring' (for Walter Stürm)', a tribute to Walter Stürm, an escape artist who spent his life running away or being locked up and was stylized into a symbolic figure by the progressive scene. Stürm committed suicide in a prison cell in 1999.

Sägen-Ring
Saw Ring
Seite Page 102

On leafing through the book mentioned above, 'Devon, Karbon, Perm', you discover more objects of this kind: the red fireball on the cover turns out to be a bracelet in the form of a steel mill-cutting die (1984) on a young woman's wrist. With 'Rage Object' (1992), Schobinger even succeeded in being admitted to the 'Jewelry Bible' published in Tokyo because the piece crossed borders both technically and formally. He battered a silver fork with blows from an axe, bending the prongs and removing the handle with a cutting tool. On the back the object is fitted out with a pin of cobalt wire since it is to be worn as a brooch. 'Rage Object' is not, however, merely a battered object. On the contrary, it refers in the figurative

kung" (2002). Ein Ring aus Weißgold 750, Zirkonia, Bronze und Malachit. Dargestellt ist ein Flugzeugeinschlag und die darauf folgende Explosion. Unweigerlich werden Trägerin und Betrachter hier mit dem Anschlag vom 11. September 2001 auf das New Yorker World Trade Center konfrontiert.

Ursache und Wirkung
Cause and Effect
Seite Page 168

Imaginäre Ordnungsprinzipien

Parallel zur Aufweichung der „konkreten" Ordnungsprinzipien durch „dadaistisch-surrealistisch" geführte Gesellschaftsdiskurse seit dem Ende der 1970er Jahre zeigt sich in Schobingers Schaffen eine gestalterische, künstlerische Strategie, die die Evaluation neuer Ordnungsprinzipien zum Ziel hat. Verschiedene Arbeiten scheinen schon früh auf einen solchen Zusammenhang hinzuweisen. Immer sind es Bestrebungen, die über den eigenen Erfahrungshorizont hinausgehen, aber mit diesem kommunizieren: Ideologische oder anarchische „Heimaten" sind darin so deklariert, dass beide Haltungen oder Interessensfelder die Grenzen des

sense to the physical forces which have overwhelmed it, revealing traces of the tool and the bending process: in short, the object of rage! It is at once trace, indicator, source and accumulation of all these.

A piece may, however, simply consist in an electrical cable tie or zip tie used as a bangle, an enamelled cast of it, which is suddenly more than an everyday object. One should bear in mind that this is an object the police have appropriated from its original context in an electrician's tool kit to use in law enforcement for shackling suspects. Finally, one of Schobinger's most recent objects is impressive: 'Cause and Effect' (2002), a ring of 750 white gold, zirconium, bronze and malachite. A plane crash is represented with the ensuing explosion. Here both the wearer and the viewer are inevitably confronted with the terrorist act committed against the World Trade Center in New York on 11 September 2001.

Imaginary ordering principles

Parallel to the weakening of 'Concrete' ordering principles by social discourse conducted on 'Dadaist-Surrealist' lines since the late 1970s, a design or artistic strategy has emerged in Schobinger's work which aims at evaluating new ordering principles. Various works seem to refer early on to such a context. He has always striven to go beyond his own experiential horizon while remaining in communication with it. Ideological or anarchic 'homelands' have been designated in this process so that both attitudes or fields of interest are an agenda for widening the bounds of what is known and to order it. Concomitantly, however, Schobinger's

Bekannten programmatisch erweitern und ordnen. Damit aber hat sich Schobingers Affinität zur Ordnung aus einer „lediglich formalen" in eine zusehends „geistig-imaginäre" verlagert. Seine intensive Beschäftigung mit dem Buddhismus scheint davon Zeugnis abzulegen, seine Resonanz in Japan und die damit zusammenhängende Lehrtätigkeit ist eine mögliche Folge davon.

Ein „Dürres Ästchen" aus dem Jahre 1978, verschiedene Armreife aus Silber, ebenfalls von 1978, oder „Tautropfen an Knospen" (Gold 750, Email, Weißgold, Brillanten) aus dem Jahre 2001, stehen stellvertretend für diesen vielleicht vermeintlichen Spagat in der Arbeit Schobingers.[17] Sie datieren aus derselben Zeit wie der Armreif aus Armierungseisen, gegossen in 800er Silber. Dabei finden sich Referenzen auch an die eigene, jugendliche Erlebniswelt, z. B. in der Arbeit „Sägenkreuze" aus dem Jahr 1992: Es handelt sich um Stichsägeblätter in Feingold und Silber. Dazu Schobinger: „An jedem der zwei Kreuze befinden sich fünf schnittförmige Durchbrüche, den fünf Wundmalen Jesu am Kreuz entsprechend. Säge teilt, Kreuz definiert (Koordinaten)."[18] Kaum zufällig auf der gleichen Buchseite wird der Ring für Walter Stürm abgebildet.[19] In jüngeren Arbeiten tauchen auch Totenköpfe auf. Dem „Memento mori", bekannt aus dem Reliquienkult, werden Piktogramme einer Giftflasche entgegengesetzt: „Attention Gift", z.B. auf einem Armreif aus dem Glas einer Giftflasche, überarbeitet mit Blattgold, Perlen und Farbe aus dem

Dürres Ästchen
Dry Twig
Seite Page 35

Tautropfen an Knospen
Dew Drops on Buds
Seite Page 120

affinity with order has shifted from one that is 'purely formal' to an attraction that is increasingly 'intellectual and imaginary'. His intensive study of Buddhism seems to bear this out. The positive reception of his work in Japan and the invitation to teach there may be a consequence of this shift in attitude.

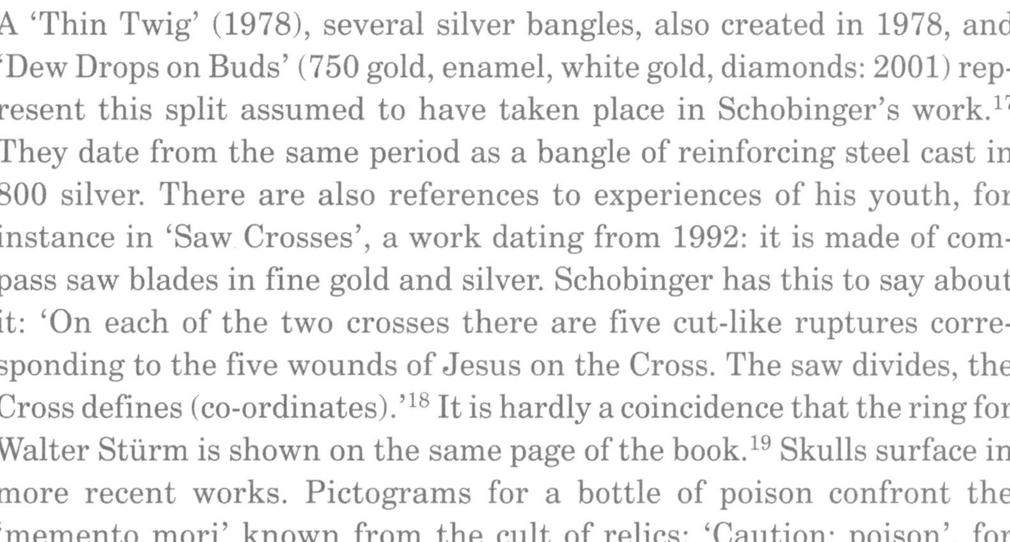

A 'Thin Twig' (1978), several silver bangles, also created in 1978, and 'Dew Drops on Buds' (750 gold, enamel, white gold, diamonds: 2001) represent this split assumed to have taken place in Schobinger's work.[17] They date from the same period as a bangle of reinforcing steel cast in 800 silver. There are also references to experiences of his youth, for instance in 'Saw Crosses', a work dating from 1992: it is made of compass saw blades in fine gold and silver. Schobinger has this to say about it: 'On each of the two crosses there are five cut-like ruptures corresponding to the five wounds of Jesus on the Cross. The saw divides, the Cross defines (co-ordinates).'[18] It is hardly a coincidence that the ring for Walter Stürm is shown on the same page of the book.[19] Skulls surface in more recent works. Pictograms for a bottle of poison confront the 'memento mori' known from the cult of relics: 'Caution: poison', for

Sägenkreuz
Saw Cross
Seite Page 103

Attention Gift
Caution
Seite Page 132

Jahr 2000, oder bei dem Armreif „Holiday in Cambodia“ (1990) - ein Stück, das der handwerklich äußerst versierte Schobinger aus dem Stand und ohne ausgedehnte Vorkenntnis der Treibtechnik realisierte. Das permanente Ausloten und Hinterfragen, das Aufsuchen menschlicher Widersprüchlichkeit und Irrationalität gehören hier zum erweiterten Programm.

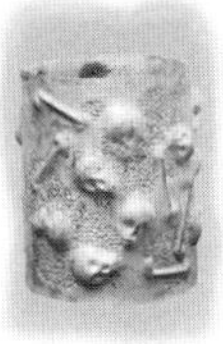

Holiday in Cambodia
Holiday in Cambodia
Seite Page 106

Im Jahre 1980 realisierte Schobinger die Brosche „Sioux“ aus den Materialien Kunststoff und Chromstahl. Einige Jahre später, 1985, entstand der „Halsschmuck mit roter Feder“: vier Biwaperlen an einem Silberdraht additiv aufgereiht, gefolgt von einem tiefschwarzen Ebenholzstück, das vielleicht mit einer Bandsäge in die unregelmäßige Fünfeckform gebracht wurde. Die Sägespuren sind an den Schnittstellen deutlich zu sehen – Spuren werden nicht verwischt, sondern sind Thema! –, auf eine Nachbehandlung im Sinne einer Verfeinerung wurde verzichtet. Dann schließt ein rechteckiges, im Schnitt segmentförmiges Plättchen aus unpoliertem Elfenbein an, gefolgt von einem perlmuttartigen Bogenstück, an den Schmalseiten in die Kette eingebunden, querliegend. Den Abschluss bildet eine Art Fähnchen, aus Silber; eine rote Papageienfeder dient als Anhänger. Die Spitze der Feder ist von einer metallenen Hülse

Sioux Sioux
Seite Page 82

Blitzableiter-Kette
Lightning Rod Chain
Seite Page 95

instance on a bangle made from the glass of a poison phial worked over with gold leaf, pearls and paint (2000) or ‘Holiday in Cambodia’ (1990) – a piece which Schobinger, who is an extremely skilled craftsman, made from scratch and without extensive knowledge of chasing. Incessantly probing and questioning, seeking to discover contradictions and irrationality in human behaviour are all part of the widened agenda.

In 1980 Schobinger realized ‘Sioux’, a brooch made of plastic and chromium steel. Some years later, in 1985, ‘Neck Jewellery with a Red Feather’ was created: four Biwa pearls additively strung on silver wire, followed by an utterly black piece of ebony which may have been shaped into an irregular pentagon form with a band-saw. The traces of sawing show up clearly on the cut faces – traces have not been blurred; they are the theme itself – finishing in the sense of smoothing has been deliberately eschewed. Then comes an unpolished ivory rectangular spacer-plate, which is segmented in section, followed by a bridging piece that looks like mother of pearl, which is tied into the necklace on the narrow sides so that it lies sideways. The necklace is finished off with a sort of banner of silver; a red parrot feather serves as a pendant. The tip of the feather is set in a metal capsule and mounted with blackened wire between the ebony and ivory pieces. The feather has been cut to about half its natural length.

gefasst und mit einem geschwärzten Draht zwischen Ebenholz und Elfenbein montiert. Die Feder ist auf etwa die Hälfte ihrer natürlichen Länge gestutzt.

Zu diesen amulettartigen, stark kodierten Arbeiten gehören weitere Objekte, in der Anlage reziprok zum erwähnten „Wutobjekt". Es ist diesen nicht Energie appliziert worden, vielmehr bringen diese einzelnen Teile gleichsam akkumulierte Energie in Form ihrer Aura mit ins Spiel. Damit tritt neben die „Form-" und „Materialverfrachtung" eine auf symbolischer Ebene energetische „Verfrachtung" hinzu. Man denke an die „Blitzableiter-Kette" aus dem Jahre 1986. Schobinger spricht in diesem Zusammenhang gerne von „Akkumulation".

Schlangen-Armreif
Snake Bangle
Seite Page 116

Es folgen weiter Arbeiten wie etwa der „Schlangen-Armreif" von 1992: „Die Schlange als Symobl der ewigen Wiederkehr kehrt in moderner Gestalt aus den Zeiten längst vergangener Kulturen zurück".[20] Nur wenig später, 1995, entsteht ein Schlangen-Armreif aus Polyäthylen, Feingold und Perlen, der zeigt, dass die Schlange, die ihre Beute durch Umwicklung fängt, just durch ihr eigenes Prinzip gefangen ist.[21] Aus dem Jahre 1999 schließlich datiert eine „Opfer-Kette" mit Anhängern in Form von Attributen wie Schnittmessern, Sägen, Köpfen etc. Erwähnt werden müssen auch zwei seiner jüngsten Arbeiten aus dem Jahr 2002: „Das nasse Schaf", hölzern und türkisfarben mit neun Brillanten in Silberfassungen, das Collier aus Imitatperlen, und die „Häsin" (Holz, Farbe, Silber, Gold, Keshiperlen, Katzendarmsaite). Darf man diese „Häsin" gar als Symbol der Reinkarnation verstehen? Oder aber das Schaf, im Regen stehend mit Perlentropfen, nur als präzise Umsetzung einer Beobachtung deuten?

Opfer-Kette
Sacrificial Chain
Seite Page 171

With these amulet-like, highly coded works belong other objects, in construction analogous to the above mentioned 'Rage Object'. Energy has not been applied to these. On the contrary, these individual pieces play, as it were, with accumulated energy in the form of their aura. Thus, in addition to the loading of form and material, charging with energy occurs on a symbolic plane. Think of the 'Lightning Rod Chain' (1986). In this connection Schobinger likes to speak of 'accumulation'.

Nasses Schaf
Wet Sheep
Seite Page 176

There follow such works as the 'Snake Bangle' (1992): 'The serpent as the symbol of eternal being and becoming or waxing and waning has returned here in a modern form from the days of long forgotten cultures.'[20] Not long afterwards, in 1995, a snake bangle was made of polyethylene, fine gold and pearls, which demonstrates that the snake, which is capturing its prey by coiling about it, has been caught in turn in the toils of its own principle.[21] Finally, there is a 'Sacrificial Necklace' (1999) with pendants in the form of such associated attributes as knives, saws,

Häsin Bunny
Seite Page 177

Fazit

Schobinger wäre nicht Schobinger, ließe er sich einfach fassen. Man kann sich ihm aber über die Beschreibung und die vorurteilslose Kenntnisnahme des Vorgefundenen nähern.
Schobingers künstlerische Entwurfshaltung ist nicht der traditionellen Art des Schmückens verpflichtet, wenngleich er typologisch oder gattungsmäßig den Schmuckbereich in aller Regel nicht verlässt:[22] Es finden sich nach wie vor Ringe, Broschen, Halsketten in seinen Arbeiten. Er durchbricht aber die Konvention des Schmückens insofern, als er deren geläufige Assoziationen wie Reichtum und Macht unterminiert; er durchbricht die Grenzen der Gattung, weil das Brechen und das Überschreiten der Grenzen zu seiner Existenz gehören. Seine Arbeiten demonstrieren keinen Materialwert, zelebrieren *per se* nicht Fertigkeit und Aufwand minutiös angewandter Goldschmiedearbeit, gehen *a priori* kein Dienstleistungsverhältnis mit der Trägerin oder dem Träger ein.[23] Verschiedene Lebenswelten werden berücksichtigt, verschiedene Ebenen konzeptuell, sinnlich, poetisch, symbolisch und formal bearbeitet. Er gibt teils bissige, teils witzig-ironische Kommentare zum Zeitgeschehen

heads etc. What should also be touched on here are two of his most recent works (2002): 'The Damp Sheep', wooden and turquoise in colour with nine diamonds in silver settings and a collar of simulated pearls, and 'Bunny' (wood, paint, gold, keshi pearls, catgut instrument string). Is one perhaps supposed to interpret this 'Bunny' as a symbol of reincarnation? Or the sheep, standing in the rain with pearl drops merely as the precisely literal translation of an observation?

Conclusion

Schobinger would not be Schobinger if it were easy to catch his meaning. It is, however, possible to approach him via description and unprejudiced registration of what is there.
Schobinger's attitude to design as art is not committed to the traditional way of decorating with jewellery even though he as a rule neither abandons jewellery as a genre nor the typology associated with it.[22] There are still rings, brooches and necklaces in his œuvre. He does, however, break down the convention of decorating with jewellery by subverting connotations usually associated with this such as wealth or power. He breaks down the genre boundaries because breaking and crossing borders are part and parcel of his very existence. His works do not demonstrate intrinsic material value. They do not, of themselves, celebrate the skill and the exertion required by meticulous application of goldsmithing skills nor do

ab. Technizistische Verfahren stehen nicht im Vordergrund, eher werden kulturalistische Lösungsstrategien, die Frage nach den Wurzeln angesprochen und zur Strategie erklärt. Anders gesagt: Das Interesse an der archaischen Grundform, am Phänomenologischen des Alltags überwiegt gegenüber dem Interesse am technisch Machbaren. Schobingers Arbeiten zeugen von souveräner kombinatorischer Fähigkeit und kompositioneller Erfindungskraft. Seine Arbeiten suchen nicht die stilistische Einheit, denn seine Einheit ist struktureller Art. Alle Teilelemente seiner Stücke sind bekannt – wenn man sie denn erkennt! – aber man hat sie nie in dieser Konstellation gesehen.

Schobingers Vorgehen ist ein archäologisches, das bis in die Gegenwart reicht. Auffallend dabei ist: Es wird gleichzeitig an verschiedenen Grabungsstellen gearbeitet. Die Grabungsfunde stehen für eine Auseinandersetzung mit den Spuren der Gesellschaft, den Spuren von Kulturen und mit dem eigenen Ich. Er ist ein Virtuose im Erstellen neuer Gesamtheiten. Seine Arbeiten artikulieren bisweilen den hohen Anspruch, so etwas wie ein Kondensat, das „Hologramm" eines übergeordneten Ganzen zu sein.

Schmuck wird in diesem Fall als Ausdrucksmittel des Künstlers verstanden. Die Trägerin oder der Träger bietet sich als Plattform an, nutzt diese auch zur Selbstdarstellung, geht ein temporäres, wiederkehrendes Bündnis mit dem Künstler ein und wird zugleich zur Multiplikatorin oder zum Multiplikator der von Schobinger angestoßenen Inhalte. Gerne würde man Schobinger, um Ernst Blochs Begrifflichkeit zur Hand zu nehmen, als „konkreten Utopisten" bezeichnen. Nach Bloch ist die „konkrete Utopie" bekanntlich nicht in ferner Zukunft angesiedelt, son-

they enter *a priori* on a service relationship with the men and women wearing them.[23]

Different spheres of life are taken into consideration, various planes are worked on: the conceptual, sensory, poetic, symbolic and formal. He gives commentaries on current events, some of them sardonic, others wittily ironic. Automated processes are not foregrounded; instead, cultural strategies for finding solutions, the question of roots, are addressed and designated as strategies. In other words, interest in the archaic basic form, in the phenomenological aspect of everyday living outweighs any concern with what technology can do. Schobinger's works attest to his consummate mastery of combination and inventive composition. In his work he does not strive for stylistic unity; his unity is of a structural kind. All elements making up his pieces are familiar – if you recognize them – but they have never before been seen in these constellations.

dern alltagstauglich und damit alltagswirksam. Sind Schobingers Arbeiten also „Tagwerke“ der konkreten Utopie?[24] Vielleicht aber ist alles viel einfacher, denn: Nur wer gegen den Strom schwimmt, der findet die Quelle.

[1] Bernhard Schobinger (Hg.), Devon, Karbon, Perm. 62 ausgewählte Objekte von 1984–1987, fotographiert von Annelies Štrba, o. O. [Richterswil] 1988.
[2] Eine Serie von Fotografien ähnlich denen aus Schobingers Buch „Devon, Karbon, Perm“(vgl. Anm.1), fand auch Eingang in die vorliegende Publikation.
[3] Bernhard Schobinger (Hg.), Feuer über Wasser. Bernhard Schobinger. Schmuckobjekte aus den Jahren 1968–1996, ausgewählt und von Kommentaren begleitet. Mit einem Nachwort von Caroline Kesser, Zürich 1996, S. 91.
[4] Mehr zur Biografie Schobingers in: Antoinette Riklin-Schelbert, Schmuckzeichen Schweiz. 20. Jahrhundert, St. Gallen 1999, insbesondere S. 104 und 174. Für weitere Informationen siehe: www.schobinger.ch.
[5] Vgl. allgemein: Stanislaus von Moos, Industrieästhetik, Reihe Ars Helvetica, Band II, Disentis 1992.
[6] Adolf Loos, Ornament und Verbrechen, in: Trotzdem (1900–1930), Wien 1982, S. 78–88. Vgl. auch: Fabienne Xavière Sturm/ Esther Brinkmann, Ist Schmuck noch immer ein Verbrechen?, in: Schweizer Schmuck im 20. Jahrhundert, Ausstellungskatalog Musée d'Art et d'Histoire Genf, Schweizerisches Landesmuseum Zürich, Museo Vela Ligornetto, Lausanne 2002, S. 31.
[7] Max Bill, Schönheit aus Funktion und als Funktion, in: Werk, August 1949, S. 272–282.
[8] Bernhard Schobinger in einer E-Mail aus Japan an den Autor, 28. Februar 2003. Die präzisen Angaben verdanke ich Shizuko Yoshikawa. Schobinger bezieht sich auf eine Vortragsreihe, die in der Galerie Seestraße in Rapperswil stattfand und bei der Max Bill vor dem Mitgliederzirkel 1975 über das Thema „Das Irrationale in der Konkreten Kunst“ referierte.
[9] Bernhard Schobinger in einer E-Mail aus Japan an den Autor, 25. März 2003. Schobinger verweist auf die Neue Deutsche Welle und erwähnt in diesem Zusammenhang: Jürgen Teipel, Verschwende Deine Jugend, Frankfurt 2002.
[10] Caroline Kesser, Nachwort, in: Bernhard Schobinger (Hg.), Feuer über Wasser (vgl. Anm. 3), S. 107.
[11] Vgl. dazu Christophe Blase, Holzschätze der Moderne, in: Bernhard Schobinger, Annelies Štrba, Objekte von bis, dargestellt in Bildern von Annelies Štrba, Ausstellungskatalog Galerie Meile, Luzern 1993, o. S.
[12] Sigrid Barten, Schmuck – Franz Eggenschwiler und Bernhard Schobinger, Ausstellungskatalog Museum Bellerive, Zürich 1978.
[13] Fritz Billeter u. a., Réalisme, réflexion – explosion, Ausstellungskatalog Maison de la Culture du Havre und Pro Helvetia, Zürich 1980.
[14] Bernhard Schobinger in einer E-Mail aus Japan an den Autor, 28. Februar 2003. Vgl. weiter K. F. Schobinger/B. Schobinger/M. Bruggmann: Zeichnungen und Schmuck. Upside, Offside, Inside, Ausstellungskatalog Aargauer Kunsthaus, Aarau 1981.
[15] Bernhard Schobinger (Hg.), Eiszeit – Juwelentraum(a), Subjekte 1977–1981, gestaltet und von Hand koloriert: B. S. Fotos: Annelies Štrba, Richterswil 1981.
[16] Caroline Kesser, Nachwort, in: Bernhard Schobinger, Feuer über Wasser (vgl. Anm. 3), S. 107.

Schobinger's approach is an archaeological one, with his explorations extending into the present. What is particularly striking is that work is going on at several excavation sites simultaneously. The finds made stand for a confrontation with the traces left by society, the traces of cultures, and with the self. He is the supreme master of creating new aesthetic wholes. His works by now formulate the lofty claim of being rather like a distillation, the 'hologram' of an overarching whole.
In this case jewellery represents the artist's means of expression. The man or woman wearing it provides a rostrum but also uses it for self-display, entering on a temporary but recurrent alliance with the artist, at once multiplier and multiplicand of the contents alluded to by Schobinger. One would like to describe Schobinger, to use Ernst Bloch's apposite term, as a 'Concrete Utopian'. According to Bloch, 'the Concrete Utopia' is, as we know, useful for everyday living and, as a result, effectively utilitarian rather than something located in the distant future. Are Schobinger's works, therefore, the 'diurnal works' of a Concrete Utopia?[24] Perhaps, though, everything is much simpler. After all, only he who swims against the current finds the source.

[17] U.a. enstand der „Lindenblütenring“, 1977. Von Antoinette Riklin-Schelbert irrtümlicherweise ausschließlich Franz Eggenschwiler zugeschrieben. Richtige Autorenschaft: „FE–BS BS–FE Zusammenarbeit“.
[18] Bernhard Schobinger (Hg.), Feuer über Wasser (vgl. Anm. 3), S. 67.
[19] Vgl. Anm. 3, S. 67.
[20] Vgl. Anm. 3, S. 92.
[21] Vgl. Anm. 3, S. 96.
[22] Einmal abgesehen von seinen skulpturalen Arbeiten. Vgl. Bernhard Schobinger, Annelies Štrba, Objekte von bis, dargestellt in Bildern von Annelies Štrba, Ausstellungskatalog Galerie Meile, Luzern 1993.
[23] Die endgültige Abkehr vom Schmuck als Wert macht Riklin an der Ausstellung „Jewelery Redefined“ in London (1982) fest. Vgl. dazu Anoinette Riklin-Schelbert, Schmuckzeichen Schweiz. 20. Jahrhundert (vgl. Anm. 4), S. 89. Bernhard Schobinger hatte sich 1982 der Einladung durch die dortigen Organisatoren verweigert, da eine Einkaufgebühr von etwa umgerechnet CHF 200,– verlangt wurde und die Teilnahme von der Bedingung abhängig gemacht worden war, mit wertlosem Material zu arbeiten.
[24] Ernst Bloch, Abschied von der Utopie? Vorträge, hg. von Hanna Gekle, Frankfurt 1980, S. 76–82.
[1] Bernhard Schobinger (ed.), Devon, Karbon, Perm. 62 ausgewählte Objekte von 1984–1987, fotographiert von Annelies Štrba, n. p. [Richterswil] 1988.
[2] Several photographs similar to them from Schobinger's book 'Devon, Karbon, Perm' (cf. n.1) also appear in the present book.
[3] Bernhard Schobinger (ed.), Feuer über Wasser. Bernhard Schobinger. Schmuckobjekte aus den Jahren 1968–1996, selected and commentated. With concluding remarks by Caroline Kesser, Zurich 1996, p. 91.
[4] More on Schobinger's biography in: Antoinette Riklin-Schelbert, Schmuckzeichen Schweiz. 20. Jahrhundert, St. Gallen 1999, especially p. 104 and p. 174. For more information see: www.schobinger.ch.
[5] Cf. generally: Stanislaus von Moos, Industrieästhetik, Reihe Ars Helvetica, Vol. II, Disentis 1992.
[6] Adolf Loos, Ornament und Verbrechen, in: Trotzdem (1900–1930), Vienna 1982, pp. 78–88. Cf. also: Fabienne Xavière Sturm/Esther Brinkmann, Ist Schmuck noch immer ein Verbrechen?, in: Schweizer Schmuck im 20. Jahrhundert, exhibition catalogue Musée d'Art et d'Histoire Geneva, Schweizerisches Landesmuseum Zurich, Museo Vela Ligornetto, Lausanne 2002, p. 31.
[7] Max Bill, Schönheit aus Funktion und als Funktion, in: Werk, August 1949, pp. 272–282.
[8] Bernhard Schobinger in an e-mail sent to the author from Japan, 28 February 2003. I am indebted to Shizuko Yoshikawa for the precise information. Schobinger is referring to a series of lectures which were given at the Galerie Seestraße in Rapperswil, where Max Bill gave a talk to the members in 1975 on the subject of 'The Irrational in Concrete Art'.
[9] Bernhard Schobinger in an e-mail sent to the author from Japan, 25 March 2003. Schobinger is referring to the 'Neue Deutsche Welle' [German New Wave] and in this connection mentions: Jürgen Teipel, Verschwende Deine Jugend, Frankfurt 2002.
[10] Caroline Kesser, concluding remarks, in: Bernhard Schobinger (ed.), Feuer über Wasser (cf. n. 3), p. 107.
[11] Cf. on this Christophe Blase, Holzschätze der Moderne, in: Bernhard Schobinger, Annelies Štrba, Objekte von bis, dargestellt in Bildern von Annelies Štrba, exhibition catalogue Galerie Meile, Luzern 1993, n. p.
[12] Sigrid Barten, Schmuck – Franz Eggenschwiler und Bernhard Schobinger, exhibition catalogue Museum Bellerive, Zurich 1978.
[13] Fritz Billeter, et al, Réalisme, réflexion – explosion, exhibition catalogue Maison de la Culture du Havre and Pro Helvetia, Zurich 1980.
[14] Bernhard Schobinger in an e-mail sent to the author from Japan, 28 February 2003. Cf. K. F. Schobinger/B. Schobinger/M. Bruggmann: Zeichnungen und Schmuck. Upside, Offside, Inside, exhibition catalogue Aargau Kunsthaus, Aarau 1981.
[15] Bernhard Schobinger (ed.), Eiszeit – Juwelentraum(a), Subjekte 1977–1981, designed and coloured by hand: B.S. Photographs: Annelies Štrba, Richterswil 1981.
[16] Caroline Kesser, concluding remarks, in: Bernhard Schobinger, Feuer über Wasser (cf. n. 3), p. 107.
[17] One of these pieces was 'Lime Flower Ring', 1977. Erroneously attributed by Antoinette Riklin-Schelbert entirely to Franz Eggenschwiler. The correct attribution is as follows: 'FE–BS BS–FE Zusammenarbeit [collaboration]'.
[18] Bernhard Schobinger (ed.), Feuer über Wasser (cf. n. 3), p. 67.
[19] Cf. n. 3, p. 67.
[20] Cf. n. 3, p. 92.
[21] Cf. n. 3, p. 96.
[22] Apart from his sculptures. Cf. Bernhard Schobinger, Annelies Štrba, Objekte von bis, dargestellt in Bildern von Annelies Štrba, exhibition catalogue Galerie Meile, Luzern 1993.
[23] Riklin establishes his final rejection of jewellery as something intrinsically valuable in 'Jewellery Redefined', an exhibition in London (1982). Cf. on this Antoinette Riklin-Schelbert, Schmuckzeichen Schweiz. 20. Jahrhundert (cf. n. 4), p. 89. Bernhard Schobinger had refused to accept the invitation to participate in 1982 extended by the organisers because a fee of about 200 Swiss francs was demanded and eligibility for participation was made subject to working with worthless material.
[24] Ernst Bloch, Abschied von der Utopie? Lectures, ed. Hanna Gekle, Frankfurt 1980, pp. 76–82.

Amalgam: Annelies Štrbas Arbeiten zum Schmuck von Bernhard Schobinger

Amalgam: Annelies Štrba's Work with Bernhard Schobinger's Jewellery

Sibylle Omlin

Wer in Bernhard Schobingers Bücher über seinen Schmuck schaut, findet sich unversehens in einem Kosmos wieder, der einem von den Bildern der Fotografin Annelies Štrba her vertraut ist. In ihren Katalogen finden sich Porträtaufnahmen ihrer beiden Töchter Linda und Sonja, die zugleich auch Porträtaufnahmen von Bernhard Schobingers Schmuck sind. Die beiden Arbeiten „Sonja mit Flaschenhalskette" (1989) und „Sonja mit Sägenpizza" (1989) zum Beispiel sind aus ihrer Publikation „Aschewiese"[1], die die Ausstellung in der Zürcher Kunsthalle begleiteten. Die beiden Fotografien nehmen die Ästhetik der Porträtaufnahmen von Sonja auf, die die Künstlerin schon zur Publikation „Devon, Karbon,

Anyone looking into Bernhard Schobinger's books on his jewellery unexpectedly find themselves in a universe familiar from the pictures taken by the photographer Annelies Štrba. Her catalogues contain portrait photos of her daughters, Linda and Sonja, which are also portraits of Bernhard Schobinger's jewellery. Two of these photographs, 'Sonja with Bottlenecklace' (1989) and 'Sonja with Sawpizza' (1989), for instance, are from her book 'Aschewiese' ['Ash Meadow'][1], which accompanied an exhibition in the Zurich Kunsthalle. The two photographs take up the aesthetics of photographic portraits of Sonja which the artist earlier took for Berhard Schobinger's book 'Devon, Karbon, Perm' ['Devonian, Carboniferous, Permian'].[2] There the jewellery becomes part of an odalisque-like corporeality elicited by the circumstance that the photo was taken without artificial lighting. The 'Bottlenecklace' appears as a dark, plas-

Perm“[2] von Bernhard Schobinger gemacht hat. Der Schmuck wird dort Teil einer odaliskenhaften Körperhaftigkeit, die dadurch entsteht, dass das Bild ohne künstliche Beleuchtung aufgenommen wurde. Die „Flaschenhalskette“ erscheint als dunkles, plastisches Relief um den Hals der Tochter, die beiden Ohrringe – die „Sägenpizzen“ – legen sich unterhalb der Schlüsselbeine in leichter Bewegungsunschärfe wie Knochenteile auf

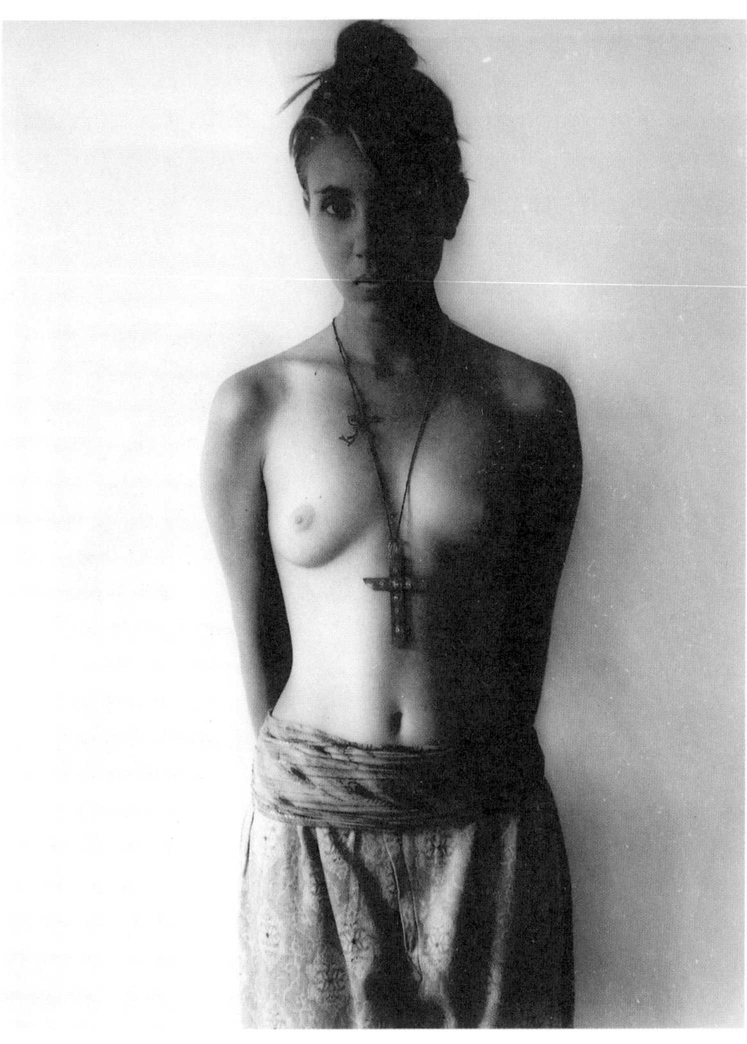

ANNELIES ŠTRBA
Sonja mit „Sägenkreuz“, 1988, Fotografie auf Fotoleinwand, 110 x 140 cm, Die Neue Sammlung, Pinakothek der Moderne, München (Schmuck: Seite 103) Sonja wearing ‘Saw Cross’, 1988, Photograph on canvas, 110 x 140 cm Die Neue Sammlung, Pinakothek der Moderne, Munich (Jewellery: Page 103)

tic relief about her daughter’s neck. The two earrings – the ‘Sawpizzas’ – lie, slightly blurred, below the girl’s collar-bone like parts of bones on her naked breast. The pieces of jewellery almost fuse in colour and shading with the wearer’s body.

Annelies Štrba’s photographs constantly speak of intimate involvements. It would seem that her photographs and videos could not have happened at all without the closeness of familiarity. After her marriage to the goldsmith Bernhard Schobinger in 1969, her own family, especially her daugh-

die nackte Brust der jungen Frau. Die Schmuckstücke verschmelzen in der Farbe wie in der Verschattung beinahe mit dem Körper der Trägerin. Annelies Štrbas fotografische Arbeiten sprechen unentwegt von intimen Verflechtungen. Es scheint, dass ohne die Nähe zum Vertrauten ihre Fotografien und Videos gar nicht hätten entstehen können. Nach der Heirat mit dem Goldschmied Bernhard Schobinger 1969 rückt ihre eigene Familie in den Brennpunkt ihrer künstlerischen Wahrnehmung, insbesondere die zwei Töchter Sonja und Linda.
Zum Kosmos des Privaten sind auch die Fotografien vom Schmuck ihres langjährigen Lebensgefährten Bernhard Schobinger zu rechnen, die seit den 1980er Jahren in seinen Büchern, aber auch in Publikationen zu ihrem eigenen Werk zu finden sind. Annelies Štrba hat die visuelle Erscheinung von Bernhard Schobingers Schmuck also mitgeprägt, indem

ANNELIES ŠTRBA

Linda mit „Kupferkette", 1996
Linda wearing 'Copper necklace', 1996

Linda mit Halsschmuck, 1996
Linda wearing a necklace, 1996

ters, Sonja and Linda, became for her the focal point of artistic perception. Her photographs of the jewellery made by her partner of so many years, Bernhard Schobinger, should also be accounted part of her private universe. They have appeared since the 1980s in his books as well as in publications dealing with her own work. Annelies Štrba has, therefore, helped to shape, in the visual sense, the appearance of Bernhard Schobinger's jewellery by at once documenting these pieces and giving them medial transportation. 'Eiszeit – Juwelentraum(a)' ['Ice Age – Jewellery Dream(Trauma)'][3] is the first publication on Schobinger's jewellery featuring her portrait photos: strongly backlit black-and-white pictures enlarged in a hard print, which heightens contrast. The wearers of the jewellery have sometimes been photographed from the rear so that only black outlines are discernible and the jewellery only shows up as contours against the body.

ANNELIES ŠTRBA
Linda mit Halsschmuck „Nasses Schaf", 2003 (Schmuck: Seite 176) Linda wearing necklace 'Wet Sheep', 2003 (Jewellery: Page 176)

ihre Bilder dessen Dokumentation und medialen Transport leisten. „Eiszeit – Juwelentraum(a)"[3] von 1981 ist die erste Publikation zu Schobingers Schmuckstücken, in der ihre Porträtfotos zu finden sind: Die Schwarz-Weiß-Fotografien sind in starkem Gegenlicht und mit harter Vergrößerung entstanden, was die Kontraste erhöht. Die Personen mit dem Schmuck sind teilweise von hinten aufgenommen, so dass nur schwarze Umrisse zu erkennen sind und der Schmuck sich allein als Kontur zum Körper zeigt. Diese Tendenz zum Amalgam wird in „Devon, Karbon, Perm" fortgesetzt. Annelies Štrba ist die alleinige Fotografin.[4] Sie wählt wiederum die Schwarz-Weiß-Fotografie; als Modell agiert die Tochter Sonja. Die damals ungefähr sechzehnjährige Frau trägt zum Schmuck ihres Vaters um den

This tendency to amalgamation continues in 'Devon, Karbon, Perm'. Annelies Štrba took all the photographs.[4] She again chose to work in black- and-white; her daughter, Sonja, is her model. About sixteen at the time, the girl wears silk, wool or cotton fabric wrapped and draped about her body with her father's jewellery. In Štrba's catalogue, 'Shades of Time', the writer Ilma Rakusa describes colourful heaps of cast-off clothing scattered about the living-room floor: 'Flea-market wares, wool, silk, calico, delicate and shaggy, tough and tattered. Purely and simply an invitation to a masquerade.'[5] The masquerade is reflected in Sonja's face. Her feelings about modelling her father's jewellery and being photographed by her mother show up in the photos. Sometimes she tries out a pert glance, at others she looks tired or even alienated by the exertion of posing. Being photographed is part of the masquerade, conveying information not only about what is depicted but also about how the model feels and what she is thinking.

Körper gewickelte und drapierte Stoffe aus Seide, Wolle oder Baumwolle. Die Schriftstellerin Ilma Rakusa beschreibt in Štrbas Katalogbuch „Shades of Time“ bunte Kleiderhaufen, die den Fußboden des Wohnraums übersäen: „Flohmarktware, Wolle, Seide, Kattun, zarte und zottige, robuste und fadenscheinige Stoffe. Die reinste Einladung zur Maskerade.“[5] Die Maskerade findet sich in Sonjas Gesicht wieder, das ihre Befindlichkeit in der Rolle spiegelt, als Modell den Schmuck des Vaters zu tragen und von der Mutter fotografiert zu werden. Mal versucht sie einen kecken Blick, mal sieht man ihr die Müdigkeit oder das Befremden über die Anstrengung des Posierens an. Das Fotografiertwerden gehört zur Maskerade und gibt nicht nur Auskunft über das Dargestellte, sondern auch über die Befindlichkeit des Modells.

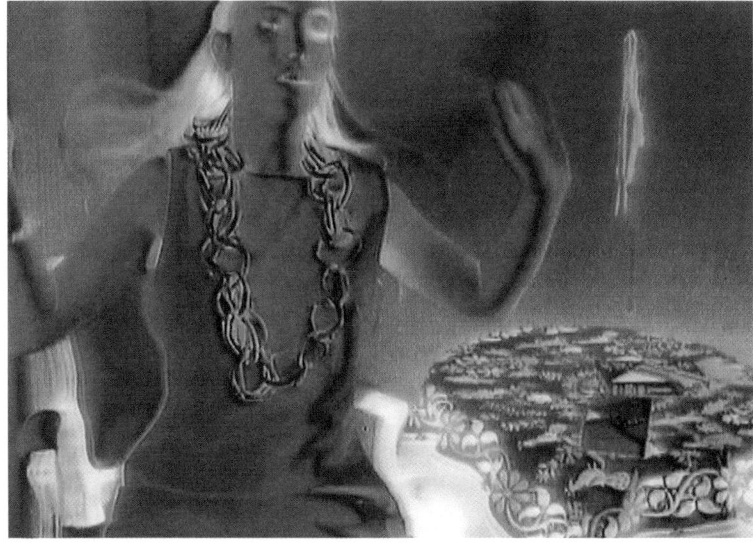

ANNELIES ŠTRBA
Sonja mit „Kette aus Aluminium von Fernsehantennen“, 2003 (Schmuck: Aluminium, 1988)
Sonja wearing 'Necklace of Aluminium from TV Aerials', 2003 (Jewellery: Aluminium, 1988)

The jewellery does not, however, appear to represent the most urgent reason for taking these pictures. It's simply there just as it is, along with so much else, in the house in Richterswil. Bernhard Schobinger has set up his workshop at home. Collecting material for the jewellery is just as much part of things as the house is a collection of materials for living. Bernhard Schobinger, for instance, might clamber about on houses condemned to demolition in the neighbourhood to salvage the fire-gilt tips of old lightning rods. Or , if he discovers an old piano dumped in the ditch by the side of the road when he is taking a drive, he stops the car because he suspects that the keys are made of ivory and ebony. And Bernhard Schobinger is bound to be right. The material is carefully detached, collected and taken with him to be used in jewellery objects and sculptures.[6] 'Subjekte' ['Subjects'] is the title of the 1981 catalogue. This is not a pun.

Der Schmuck scheint aber nicht der dringlichste Anlass für diese Bilder zu sein. Er ist einfach da, so wie er in dem Haus in Richterswil neben vielem einfach da ist. Bernhard Schobinger hat seine Werkstatt zu Hause eingerichtet. Das Sammeln von Material für den Schmuck gehört dazu, wie eben auch das Haus eine Ansammlung von Materialien zum Leben ist. Bernhard Schobinger klettert beispielsweise auf den Abbruchhäusern in der Nachbarschaft herum, um feuervergoldete Spitzen von alten Blitzableitern abzumontieren. Oder wenn er bei einer Autofahrt am Straßenrand ein altes Klavier in der Abfallmulde entdeckt, hält er den Wagen an, weil er vermutet, dass die Klaviertasten aus echtem Elfenbein und Ebenholz gearbeitet sind. Und Bernhard Schobinger wird Recht behal-

'Subjects' means the thinking and values behind Bernhard Schobinger's pieces of jewellery. It stands for his unerring eye for what is genuine, true and unmediated – be it in a block of silver, a meteorite or a bottleneck washed ashore by the Irish Sea. This thinking is also reflected in Annelies Štrba's photographs of the jewellery. It is subjects that are being photographed rather than jewellery objects and people; 'model' is in fact the wrong word. And the environment is part of the subject rather than mere decoration.

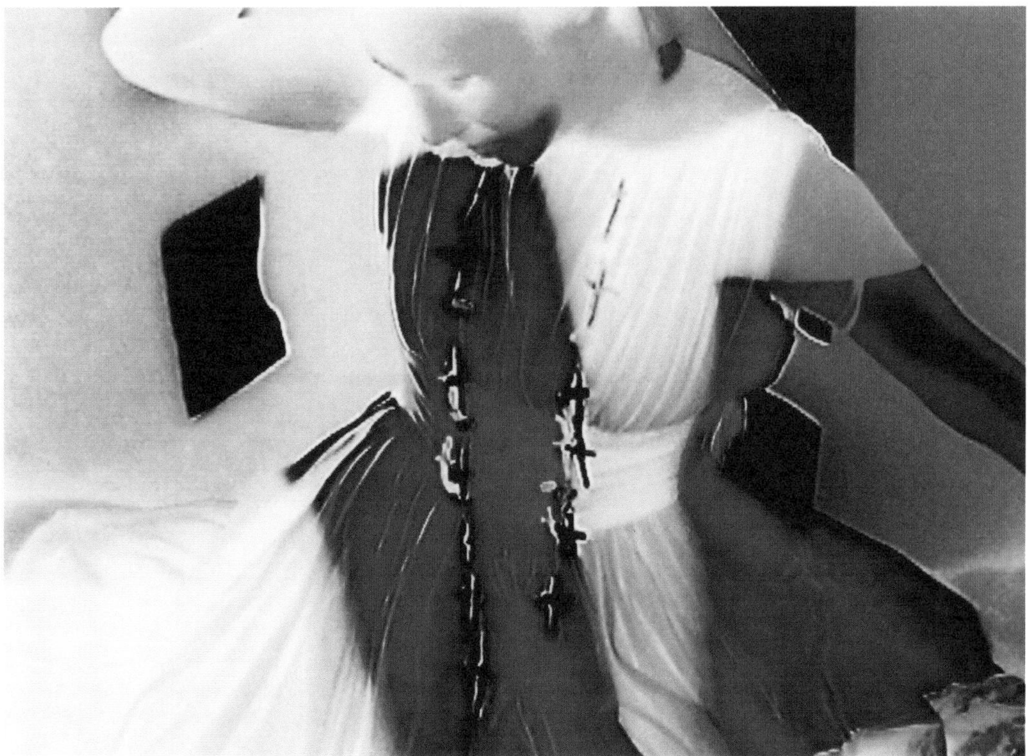

ANNELIES ŠTRBA
Sonja mit „Feuer über Wasser"-Kette, 2003 (Schmuck: Zuchtperlen, Feueropal, Kobalt, 2000) Sonja wearing 'Fire over Water' necklace, 2003 (Jewellery: Cultured pearls, fire opal, cobaltite, 2000)

ten. Das Material wird abgelöst, aufgesammelt, mitgenommen und in Schmuckobjekten und Skulpturen verarbeitet.[6] „Subjekte“ titelt der Katalog von 1981. Das ist kein Wortspiel. „Subjekte“ meint die Haltung, die hinter den Schmuckstücken von Bernhard Schobinger steht, meint diesen Blick für das Echte, für das Wahre, für das Unmittelbare – sei es in einem Block Silber, in einem Meteorgestein oder in einem Flaschenhals, den die Irische See an Land gespült hat. Diese Haltung spiegeln auch Annelies Štrbas Schmuckfotografien wider. Subjekte werden fotografiert, nicht Schmuckgegenstände und Personen; „Modell“ ist eigentlich das

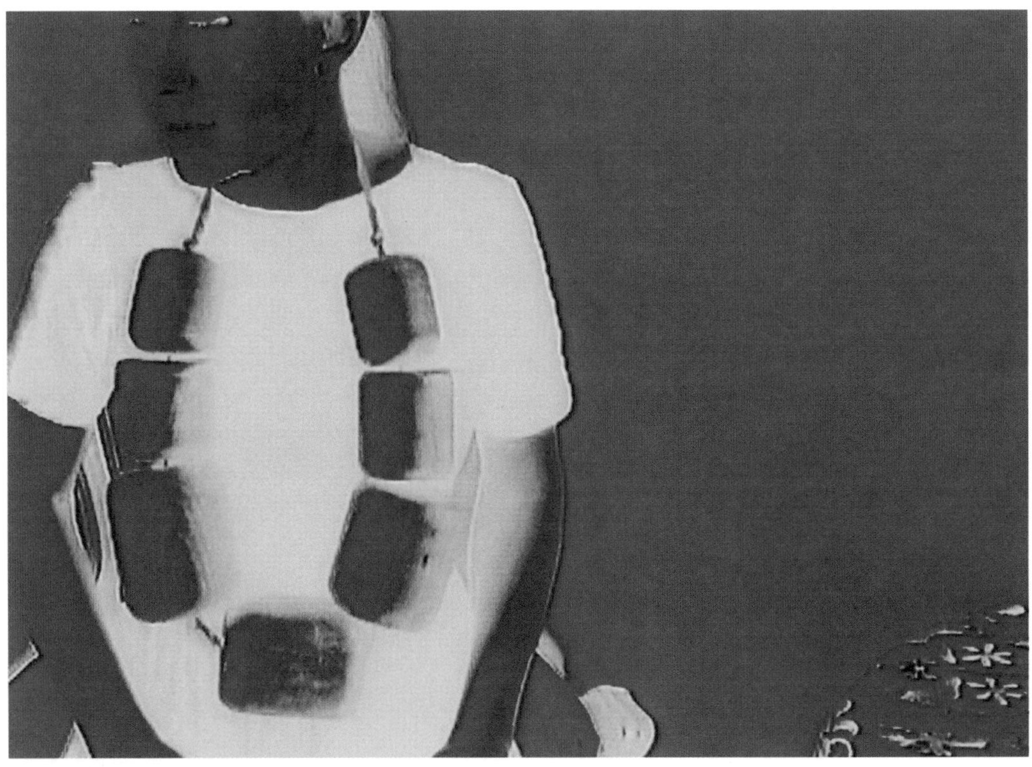

ANNELIES ŠTRBA
Sonja mit „Schwerer Eichenholz-Kette“, 2003 (Schmuck: Plumber's beads aus Eichenholz, Hanfschnur, 1995)
Sonja wearing 'Heavy Oak Necklace', 2003 (Jewellery: Plumber's beads, oak, hemp cord, 1995)

This unmediated wholeness is the statement invariably made by Annelies Štrba's work. It is an unmediated quality which does not apply solely to photography as a medium but equally to continuously accessing life and the world via an artistic eye. Her first one-woman show at the Zurich Kunsthalle in 1990 determined future reception of her work: her photography was recognised as something which transcended the merely objective and documentary.
By the same token, the arbitrary distinction between art photography and object photography which had dominated the medium for so long had

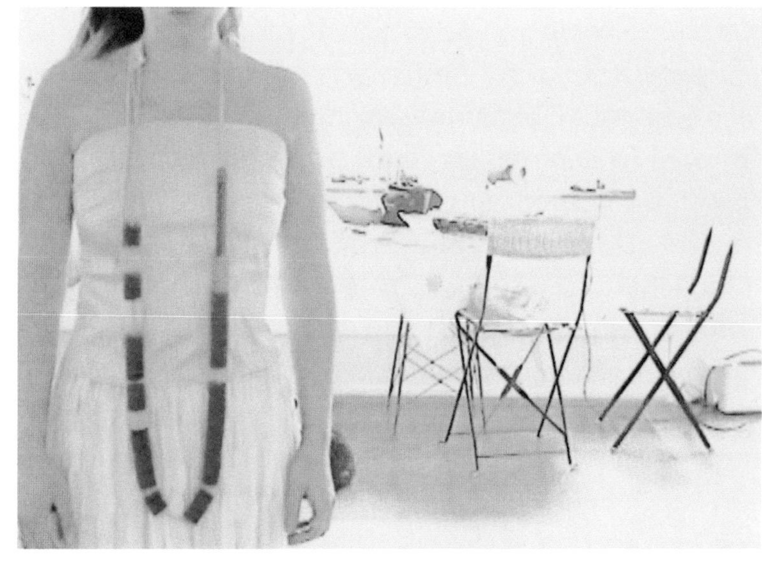

ANNELIES ŠTRBA
Sonja mit „Filz-Kette", 2003 (Schmuck: Filzscheibchen aus einem alten Klavier, 2002) Sonja wearing 'Felt Necklace', 2003 (Jewellery: Felt padding from an old piano, 2002)

ANNELIES ŠTRBA
Sonja mit „Schädel-Kette", 2003 (Schmuck: Glas, Baumwollband, 2002) Sonja wearing 'Skull Chain', 2003 (Jewellery: glass, cloth, 2002)

falsche Wort. Und auch das Umfeld ist nicht Dekor, sondern Teil des Subjekts.
Diese unvermittelte Ganzheit spricht immer aus dem Werk von Annelies Štrba. Es ist eine Unvermitteltheit, die nicht allein mit dem Medium Fotografie zu tun hat, sondern mit dem stetigen Zugriff auf Leben und Welt durch den künstlerischen Blick. Mit ihrer ersten Einzelausstellung in der Kunsthalle Zürich von 1990 wurde eine Weiche in der Rezeption ihrer Arbeit gestellt: Ihre Fotografie wurde als etwas erkannt, das über das rein Sachliche und Dokumentarische hinausgeht.
Gleichzeitig wird in den 1990er Jahren die für das Medium lange Zeit bestimmende Trennung in künstlerische Fotografie und Sachfotografie definitiv obsolet. Die mimetische Funktion des Mediums steht längst nicht mehr im Zentrum der fotografischen Recherche. Für Annelies Štrba hat diese Unterscheidung ohnehin nie eine Rolle gespielt. Mit ihrem Konzept der Unschärfe geht sie zwar von den realistischen Möglichkeiten der Fotografie aus, denn die Konturen zeigen – wenn auch verdoppelt oder verschwommen – den Gegenstand, doch spielt der „blinde Moment" des Auslösens in ihrer Fotografie eine wichtigere Rolle als die mimetische

become definitively obsolete by the 1990s. The mimetic function of the medium was by then at a far remove from the objective of photographic exploration. To Annelies Štrba this distinction has never mattered anyway. With her concept of unsharp focus and fogging she is, on the one hand, taking the potential for realism that photography has as her point of departure. After all the outlines reveal – albeit in a double image or blurred – the object yet the 'blind moment' of releasing the shutter plays a more important role in her photography than the mimetic function of the medium as such. Her method is the 'blind spot' in vision: Annelies Štrba keeps emphasising that she does not look through the viewfinder or the lens when taking photographs.[7] One might wonder what that means in a person for whom taking photographs has become a daily act. Doesn't she look through the viewfinder or lens when releasing the shutter or doesn't she 'see anything' at the moment of releasing the shutter because she knows that the eye of the camera in any case generates an image different to that produced in the human eye? The quality of being unsharp seems to answer both questions. Annelies Štrba deliberately uses the unsharp focus caused by camera movement when she photographs from a moving car or does not require her 'models' to stand still. She also generates unsharp focus and fogging in her approach to colour, using false colour and altering contours during the development process in the lab and nowadays also with the computer. Unsharp focus and fog-

ANNELIES ŠTRBA
Linda mit Shereen und Nyma 2003 Linda with Shereen and Nyma 2003

ANNELIES ŠTRBA
Linda im Garten mit „33 Welten-Kette", 2003 (Schmuck: Weißblech mit Farbe bedruckt, Nylonkabel, 2001) Linda in the garden wearing '33 Worlds Chain', 2003 (Jewellery: Tin plate, printed with paint, nylon cable, 2001)

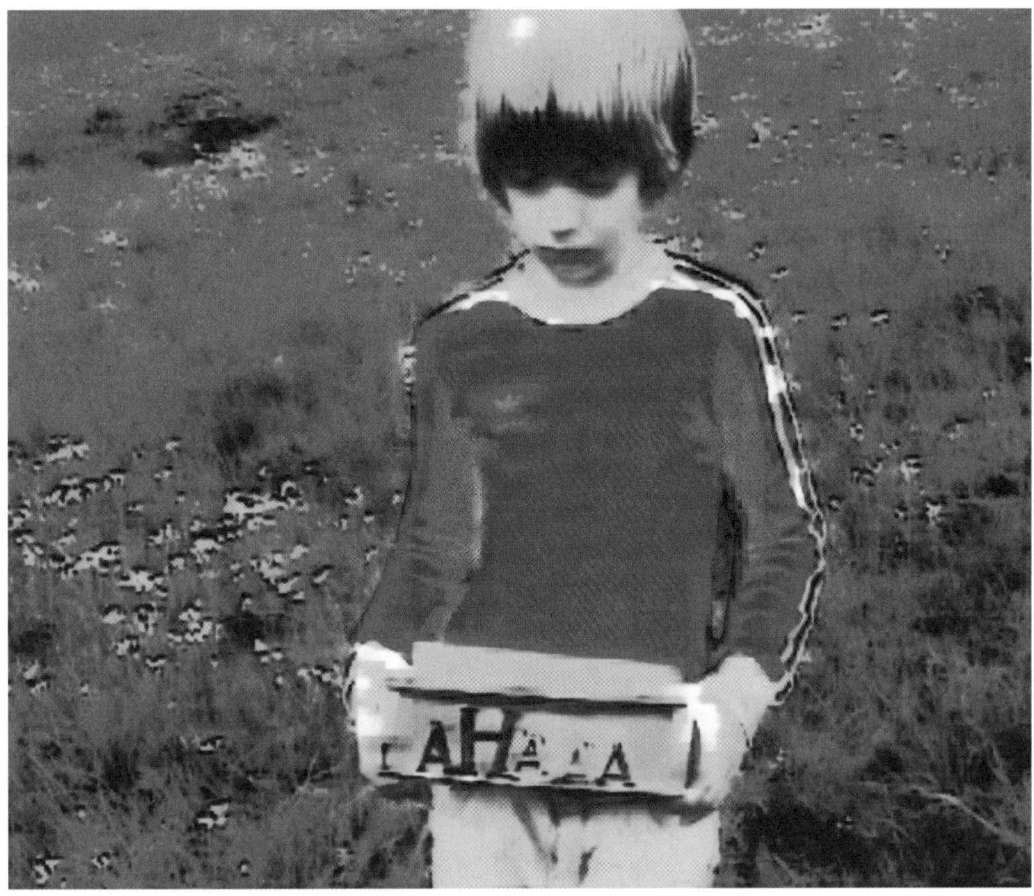

ANNELIES ŠTRBA
Samuel mit „AHAAA"-Armband, 2003 (Schmuck: Bronze, Messing verchromt, Gold 750, schwarzer Brillant, Rubin, 2001) Samuel wearing 'AHAAA' bracelet, 2003 (Jewellery: Bronze, chromium-plated brass, 750 gold, black diamond, ruby, 2001)

ANNELIES ŠTRBA

Seite Page **67/68**
Linda mit „33 Welten-Kette" im Garten, 2003 (Schmuck: Weißblech mit Farbe bedruckt, Nylonkabel, 2001) Linda in the garden wearing '33 Worlds Chain' 2003 (Jewellery: Tin plate, printed with paint, nylon cable, 2001)

Seite Page **69/70**
Sonja mit „Kette aus Aluminium von Fernsehantennen", 2003 (Schmuck: Aluminium, 1988) Sonja wearing 'Necklace of Aluminium from TV Aerials', 2003 (Jewellery: Aluminium, 1988)

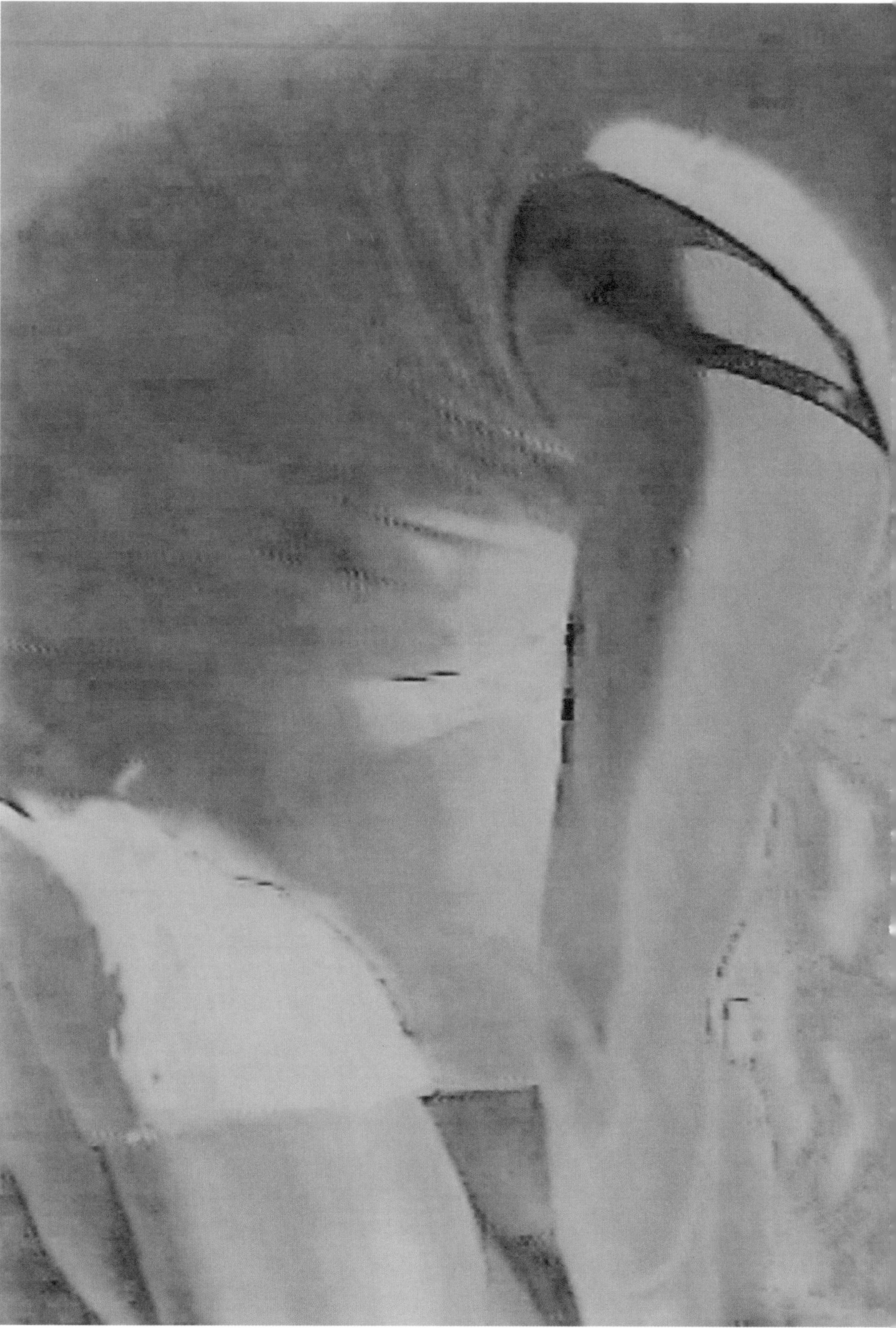

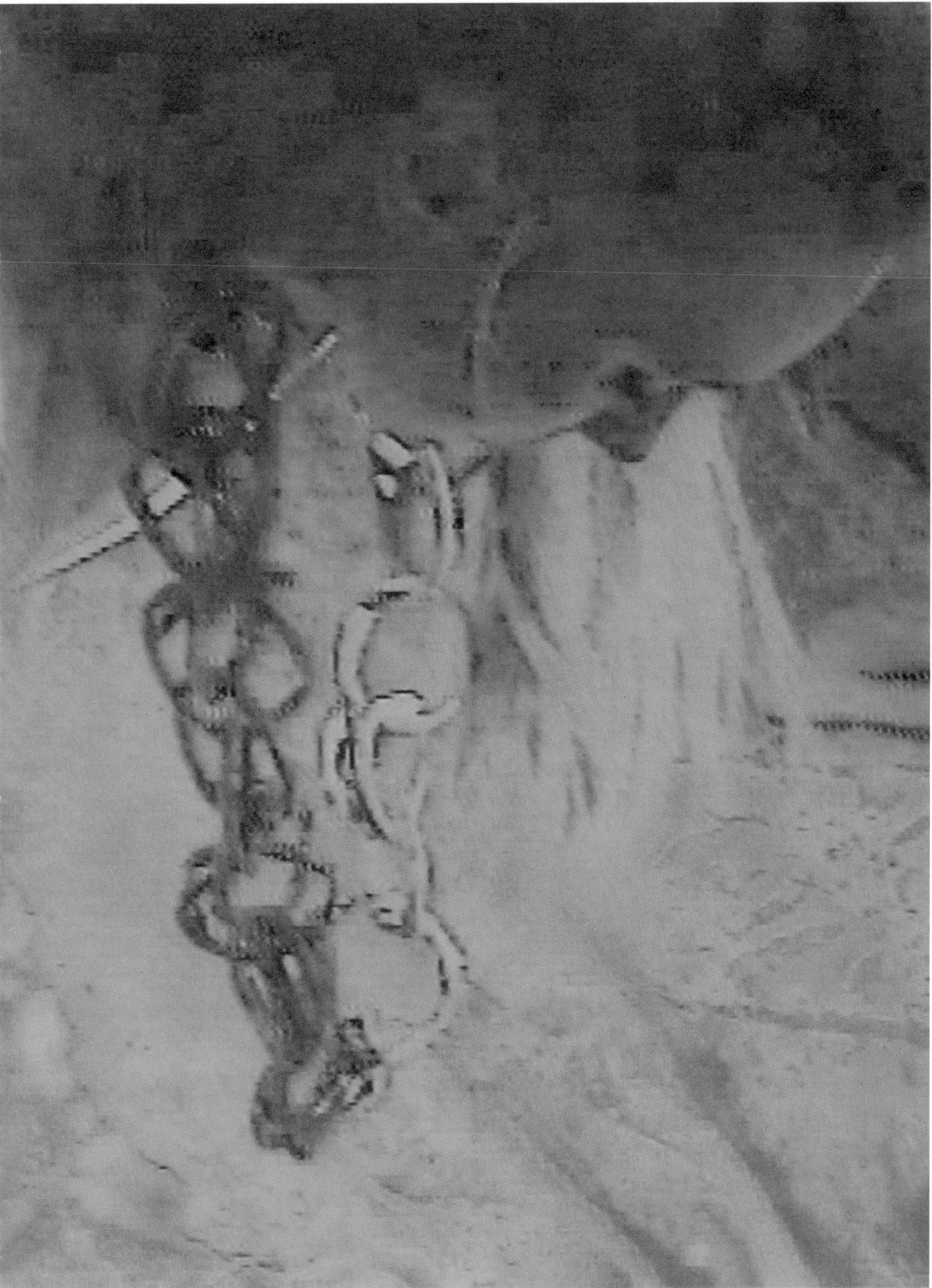

ANNELIES ŠTRBA
Sonja mit „Sägenkreuz“, 2003 (Schmuck: Zerbrochene Eisensäge, Silber, Diamanten, Seidenkordel, 1988) Sonja wearing 'Saw Cross', 1988 (Jewellery: Broken steel saws, silver, diamonds, silk cord, 1988)

Funktion. Der „blinde Fleck" des Sehens ist ihre Methode: Annelies Štrba betont immer wieder, dass sie nicht durch die Kamera schaue, wenn sie fotografiert.[7] Man kann sich fragen, wie das bei einer Person zu verstehen ist, für die das Fotografieren zu einer alltäglichen Handlung geworden ist. Schaut sie nicht durch das Objektiv, wenn sie abdrückt oder sieht sie im Moment des Abdrückens „nichts", weil sie weiß, dass das Auge der Kamera ohnehin ein anderes Bild als das menschliche Auge erzeugt? Die Unschärfe scheint Antworten auf Beides zu geben. Annelies Štrba hantiert mit Bewegungsunschärfen der Kamera, wenn sie aus dem fahrenden Auto heraus fotografiert oder ihre „Modelle" nicht zum Stillsitzen anhält. Unschärfe erzeugt sie auch über das Kolorit, über die Verfremdung der Farben und Konturen beim Entwicklungsprozess im Labor, heute auch auf dem Computer. Unschärfe entsteht außerdem durch prekäres oder überhelles Licht. Denn Fotografieren ist ein Akt der Aneignung und der Entfremdung zugleich.

Nach demselben Prinzip hat sie immer wieder Arbeiten von Freunden fotografiert, beispielsweise jene des Malers Adrian Schiess oder der Architekten Herzog & de Meuron, denen sie Bilder für Publikationen überlassen hat. 1990 entstand für das Aargauer Kunsthaus Aarau ein Katalog zu den „Flachen Arbeiten" von Adrian Schiess mit Fotografien von Annelies Štrba, die sie mit der Zeit fast beiläufig gemacht hat. Die Bilder zeigen die Malerei von Adrian Schiess im privaten Kontext des Kunstbesitzes, im Kontext des Ateliers des Künstlers und in Ausstellungssitua-

ging can also be created by unstable light conditions or too bright light. Photographing is an act both of appropriation and alienation.

Operating on the same principle, she has often photographed friends' work, including that of the painter Adrian Schiess or work by the architects Herzog & de Meuron, to whom she has given pictures for publication. In 1990 a catalogue on Adrian Schiess's 'Flächen Arbeiten' ['Surface Works'] with photographs taken, as it were, almost casually by Annelies Štrba over the course of time, was prepared by the Aargau Kunsthaus in Aarau. The pictures show Adrian Schiess's painting in private contexts: in owners' homes and workplaces, in the artist's own studio and in exhibition situations. The immaculate lacquer surfaces of these paintings are veiled by the unsharp focus and fogging of the photography and the matt surface of the paper on which they are printed.

In addition, some time ago Annelies Štrba photographed the extension of the Aargau Kunsthaus while it was being built by Herzog & de Meuron.[8] A dark surface, articulated by varying shades of blue, rises from the open construction site; outlines are indicated only by edges, corners and

tionen. Die makellosen Lackoberflächen der Malerei werden durch die Unschärfe der Fotografie und die Mattigkeit des bedruckten Papiers verhüllt.

Vor einiger Zeit hat Annelies Štrba außerdem den im Entstehen begriffenen Erweiterungsbau des Aargauer Kunsthauses von Herzog & de Meuron fotografiert.[8] Eine dunkle, in einzelne Blautöne zergliederte Fläche erhebt sich aus der offenen Baugrube; Konturen werden nur über Lichtreflexe bei Kanten und Öffnungen gezeichnet. Ein Gebäude ist im Entstehen begriffen, auf seine Weise in den Umrissen schon vollumfänglich vorhanden als geheimnisvoller Ozeandampfer, der nachts am Quai angelegt hat und darauf wartet, seine Passagiere aufzunehmen. Das Sichtbare des Bauplans erscheint bereits als durchscheinender Raum wie nie zuvor und nie mehr danach.

Für die Ausstellung von Bernhard Schobinger im Jahr 2003 wird Annelies Štrba ein Video produzieren.[9] Die Ästhetik der früheren Videoarbeit „Dawa“ soll der Ausgangspunkt ihrer Arbeit für die Schmuckporträts sein, verrät Annelies Štrba.[10] Das Amalgam der Unschärfe wird im übersteigerten Kolorit und in der verlangsamten Bewegung dieser Arbeit wieder eine neue Atmosphäre finden.

apertures. A structure is in the process of being built, in size as fully present in outline as a mysteriously looming ocean liner which has docked at the quay during the night and is waiting to take on passengers. What is visible in the plans already appears as space shining through as it has never done before and will never do again.

Annelies Štrba is producing a video for Bernhard Schobinger's exhibition in 2003.[9] Her earlier video work, 'Dawa', is to provide the aesthetic starting point for the jewellery portraits, as Annelies Štrba reveals.[10] Her amalgam of fogging and unsharp focus will again seek and find a new atmosphere in the heightened colour and slow motion of this forthcoming work.

1 Annelies Štrba, Aschewiese, with a foreword by Bernhard Bürgi and an essay by Georg Kohler, exhibition catalogue Kunsthalle Zurich, Zurich 1990.

2 Bernhard Schobinger (ed.), Devon, Karbon, Perm. 62 ausgewählte Objekte von 1984–1987, fotographiert von Annelies Štrba, n.p. [Richterswil] 1988.

3 Bernhard Schobinger (ed.), Bernhard Schobinger. Eiszeit – Juwelentraum(a). Subjekte 1977–1981, designed and coloured by hand: B.S. Photographs by Annelies Štrba, Richterswil 1981.

4 Bernhard Schobinger has contributed the object photos to most of his catalogues whereas Annelies Štrba is responsible for the portraits.

5 Ilma Rakusa, Fünf Annäherungen an A.S., in: Annelies Štrba, Shades of Time, Baden 1997, p. 307. I notice that Ilma Rakusa has here listed the materials essential to the photographs of Schobinger's jewellery objects.

6 The sculptures are documented in portrait photos by Annelies Štrba in: Bernhard Schobinger, Objekte (Skulpturen), exhibition catalogue Galerie Meile, Luzern 1983.

7 Cf. n. 5, p. 310.

8 New Year's card sent by the Aargau Kunsthaus, Aarau 2001.

9 The video work was not ready for viewing at the time the catalogue went to press.

10 Telephone conversation with Annelies Štrba on 23. Feb. 2003.

[1] Annelies Štrba, Aschewiese, mit einem Vorwort von Bernhard Bürgi und einem Essay von Georg Kohler, Ausstellungskatalog Kunsthalle Zürich, Zürich 1990.

[2] Bernhard Schobinger (Hg.), Devon, Karbon, Perm. 62 ausgewählte Objekte von 1984–1987, fotographiert von Annelies Štrba o. O. [Richterswil] 1988.

[3] Bernhard Schobinger (Hg.), Bernhard Schobinger. Eiszeit - Juwelentraum(a). Subjekte 1977–1981, gestaltet und von Hand koloriert: B. S. Fotos: Annelies Štrba, Richterswil 1981.

[4] Bei den meisten Katalogen von Bernhard Schobinger steuert er die Sachaufnahmen bei, während Annelies Štrba für die Porträts zuständig ist.

[5] Ilma Rakusa, Fünf Annäherungen an A.S., in: Annelies Štrba, Shades of Time, Baden 1997, S. 307. Mir fällt auf, dass Ilma Rakusa hier auch die wesentlichen Materialien für die Fotografie von Schobingers Schmuckobjekten aufführt.

[6] Die Skulpturen sind durch Porträtfotos von Annlies Štrba dokumentiert in: Bernhard Schobinger, Objekte (Skulpturen), Ausstellungskatalog Galerie Meile, Luzern 1983.

[7] Vgl. Anm. 5, S. 310.

[8] Neujahrskarte des Aargauer Kunsthauses Aarau 2001.

[9] Die Videoarbeit war beim Redaktionsschluss des Katalogs noch nicht einsehbar.

[10] Telefonat mit Annelies Štrba am 23.2.2003.

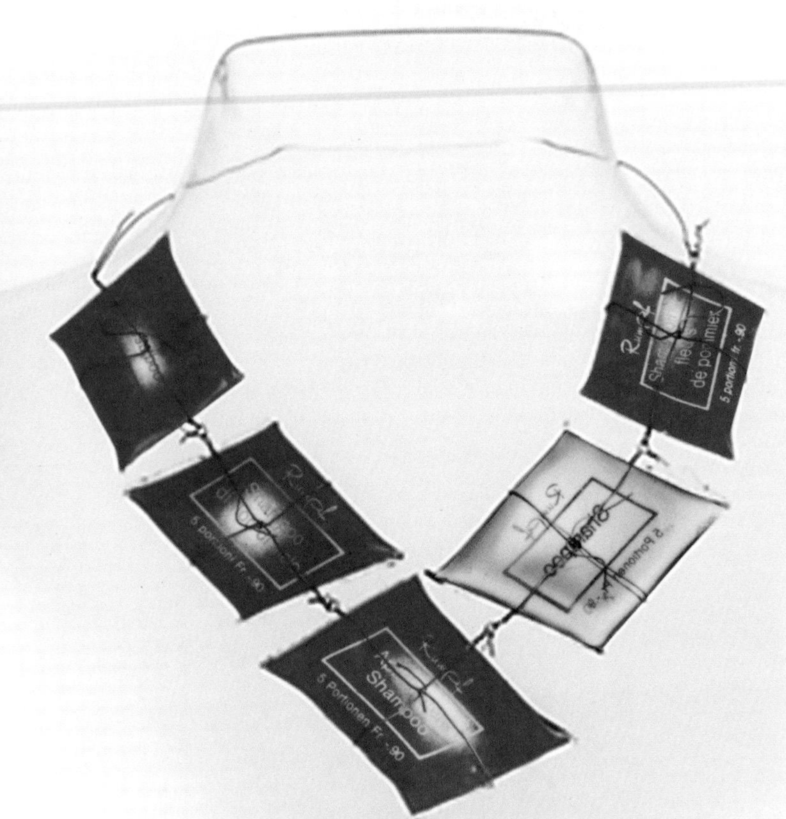

Agent Orange // Halsschmuck // 1981 //
Shampoobeutel, Silber Agent Orange // necklace // 1981 //
shampoo blister packs, silver

Windrädchen-Ring // 1977 // Gold 750, Eisen, Blech Sammlung Elisabeth & Peter Bosshard, Schweiz Little Wind Turbine Ring // 1977 // 750 gold, iron, sheet metal Elisabeth & Peter Bosshard Collection, Switzerland

Armierungs-Reif // Armreif // 1979 // Silber 800
Reinforcement Ring // bangle // 1979 // 800 silver

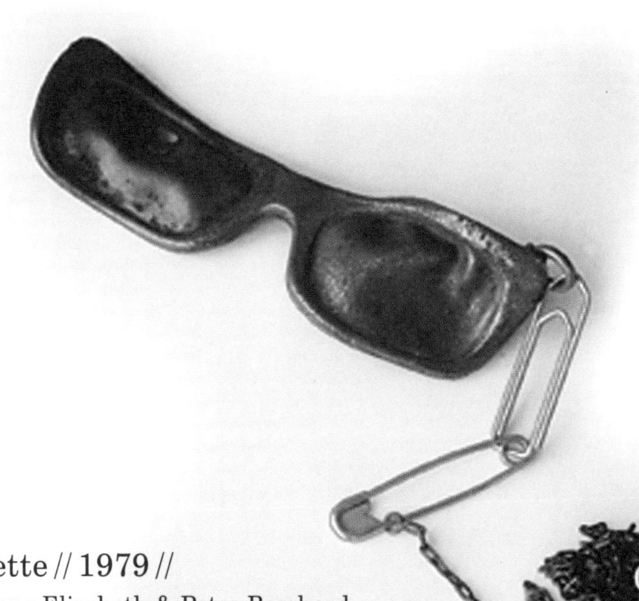

Sonnenbrillen-Pektorale // Halskette // 1979 // Silber sulfiert, Silber, Gold Sammlung Elisabeth & Peter Bosshard, Schweiz Sunglasses Pectoral // necklace // 1979 // sulphured silver, silver, gold Elisabeth & Peter Bosshard, Switzerland

Entstanden während der Freundschaft und Zusammenarbeit mit Franz Eggenschwiler. Die durch Hitzeeinwirkung verformte Kindersonnenbrille ist in Silber abgegossen, schwarz sulfiert und hängt an einer blassgoldenen Büroklammer, diese in einer Sicherheitsnadel aus Rotgold, das ganze an einem feingliedrigen Silberkettchen. Die „Geschichte" endet mit einem Federring. *Made during the friendship and collaboration with Franz Eggenschwiler. The child's sunglasses, deformed by being heated, has been cast in silver, sulphured black and suspended from a pale gold paper-clip, which is in a safety pin of red gold, the whole thing on a silver chain with fine links. The 'story' ends with a spring washer.*

Anguss-Ring // 1977 // Stahl, Silber
Cast Ring // 1977 // steel, silver

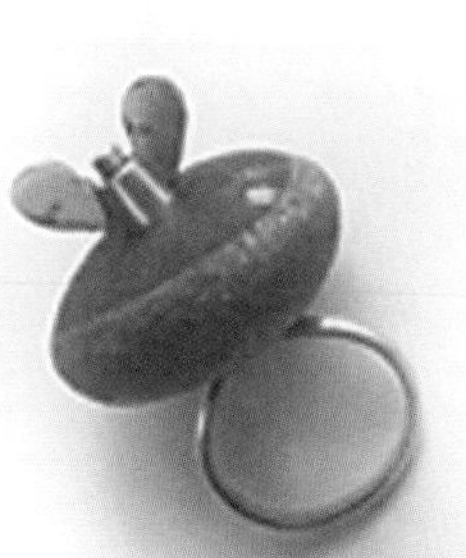

Curling-Ring // 1979 // Gold 750, Kieselstein poliert Sammlung Elisabeth & Peter Bosshard, Schweiz Curling Ring // 1979 // 750 gold, polished pebble Elisabeth & Peter Bosshard Collection, Switzerland

Kunstkritiker und Kurator Dr. Fritz Billeter mit angeheftetem Plastikfetzen einer Popcorntüte bei der Eröffnung der Ausstellung „Réalisme, Réflexion – Explosion“ in Le Havre, Sommer 1980 The art critic and curator Dr. Fritz Billeter with scraps of plastic from a popcorn bag attached at the inauguration of the exhibition 'Réalisme, Réflexion – Explosion' in Le Havre, summer 1980

Tubendeckel // Halsschmuck // 1979 // Plastik, Kobalt, Silber, verschiedene Goldlegierungen, Chromstahl Tube Top // necklace // 1979 // plastic, cobaltite silver, gold in various alloys, chromium steel

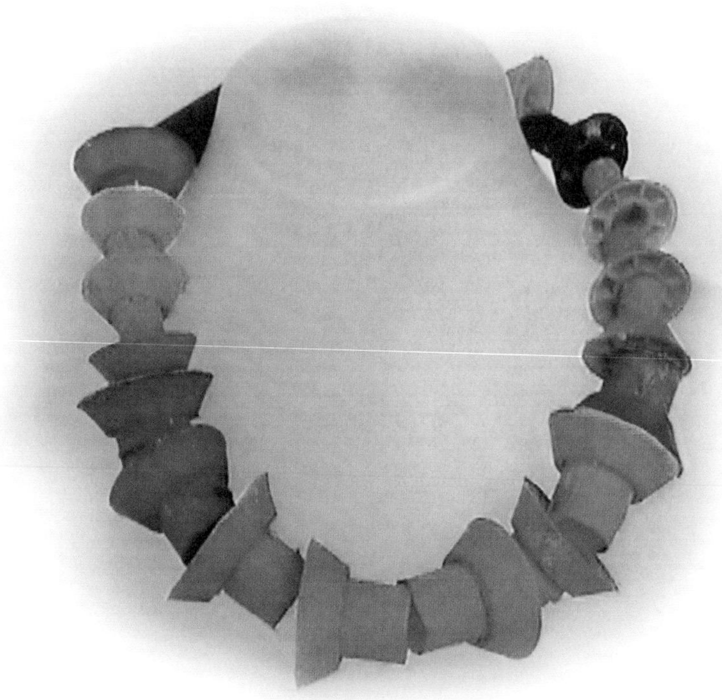

Baustellenliebe // Halsschmuck // 1981 // Kunststoff, Stahldraht Love at a Construction Site // necklace // 1981 // plastic, steel wire

Entgleisung // Armschmuck // 1981 // Plastik, Weißgold, Brillanten Off the Track // arm jewellery // 1981 // plastic, white gold, diamonds

6 Armreifen aus zerschnittener Thermosflasche // 1980 // Plastik 6 Bangles made from a cut-up thermos flask // 1980 // plastic

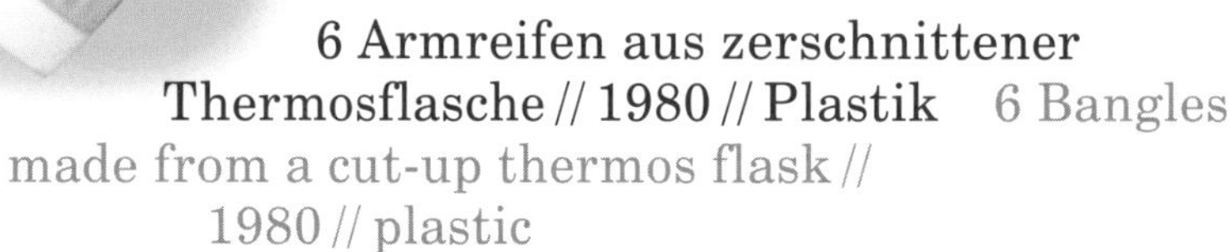

Einschuss // Haarnadel // 1980 // Plastik, Gold, Farbe Shooting In // hairpin // 1980 // plastic, gold, paint *Die Haarnadel wird aus der Pistole in die Frisur „geschossen“.* *The hairpin is ‘shot’ from a pistol into a hairstyle*

Sioux, Brosche // 1980 // Kunststoff, Chromstahl Sammlung Sonja & Christian Graber, Schweiz Sioux // brooch // 1980 // plastic, chromium steel Sonja & Christian Graber Collection, Switzerland

Hängender Nagel // Ohrschmuck // 1979 // Stahlnagel, Weißgold, Brillant Hanging Nail // earring // 1979 // steel nail, white gold, diamond

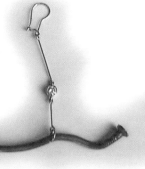

Portrait B.S., Mai 1980
Portrait B.S., May 1980

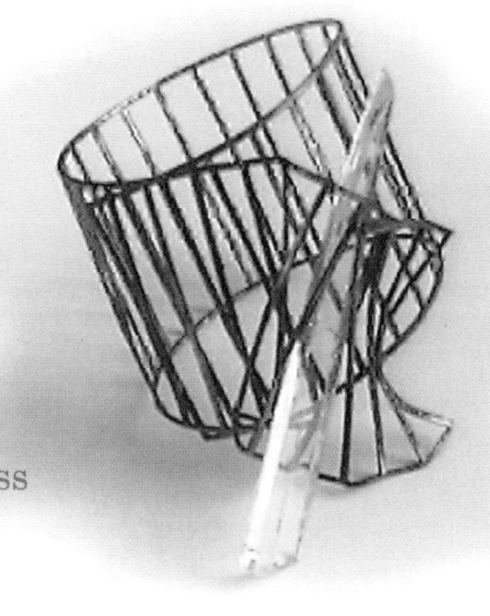

Einschuss // Armreif // 1980 // Stahl, Glas
Shooting In // bangle // 1980 // steel, glass

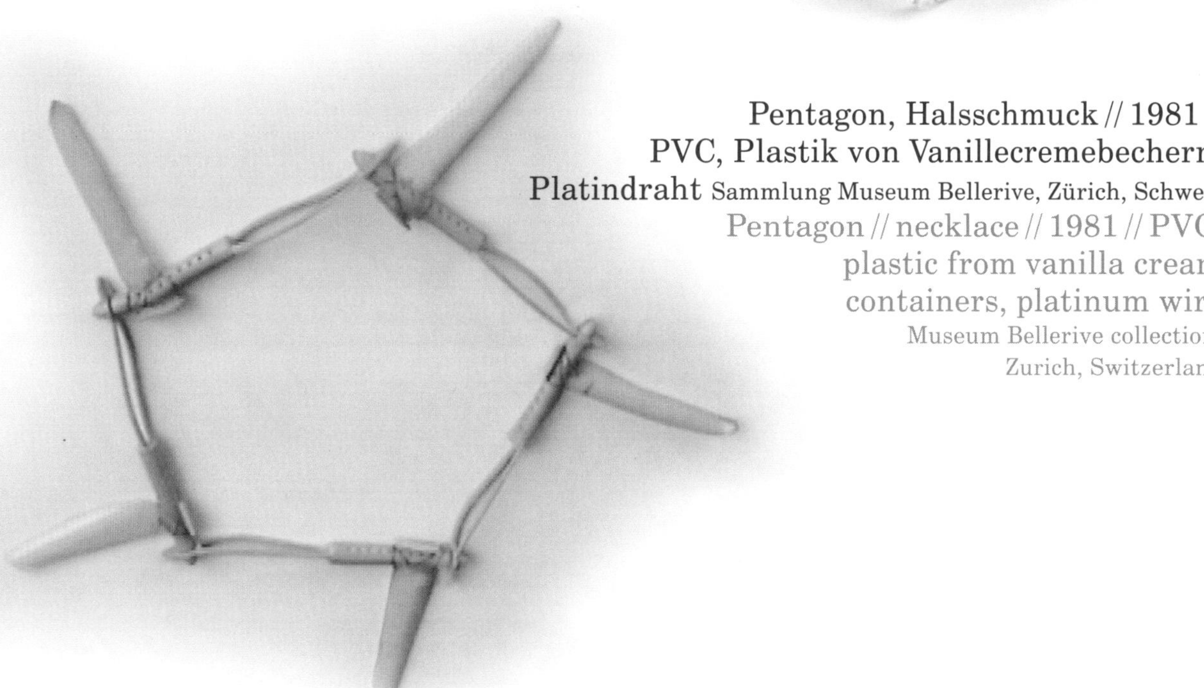

Pentagon, Halsschmuck // 1981 // PVC, Plastik von Vanillecremebechern, Platindraht Sammlung Museum Bellerive, Zürich, Schweiz
Pentagon // necklace // 1981 // PVC, plastic from vanilla cream containers, platinum wire
Museum Bellerive collection, Zurich, Switzerland

Eraserhead //
Halsschmuck // 1983 //
Radiergummi, Silber Sammlung **Hiko Mizuno College of Jewelry, Tokio, Japan**
Eraserhead // necklace // 1983 // rubber eraser, silver Hiko Mizuno College of Jewelry collection, Tokyo, Japan

Flickwerk // Ring // 1980 // Gummischlauch, Gold Patchwork // ring // 1980 // rubber tube, gold

Last Elast // Armband // 1980 // Gummi, Textil, Stahl, Platin Privatsammlung, Schweiz Last Elast // bracelet // 1980 // rubber, cloth, steel, platinum Private collection, Switzerland

Halsschmuck // 1983 // Karton mit Öldruck

Necklace // 1983 // cardboard with oleograph

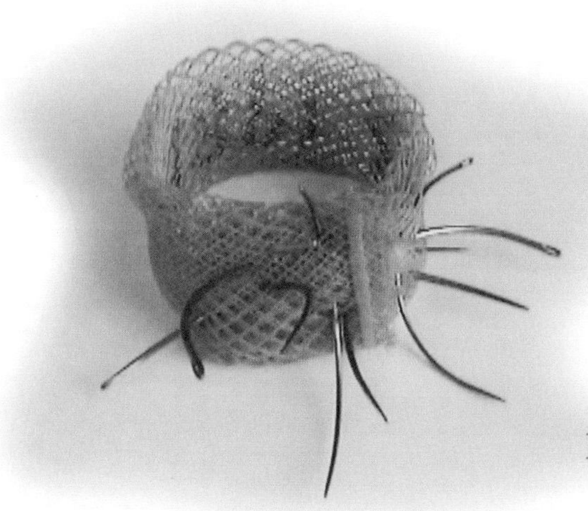

Augenstich // Armband // 1981 // Plastik, Sattlernadeln Shooting Eye Pain // bracelet // 1981 // plastic, sadler's nails

Armreif // 1983 // Titanzink, Plastik Bangle // 1983 // titanium zinc, plastic

Hiroshima mon amour // Halsschmuck // 1987 // Titanzink, Porzellan, Seide, Korallen

Hiroshima mon amour // necklace // 1987 // titanium zinc, porcelain, silk, coral

Halsschmuck // 1988 // Karneolplatten, Bergkristalle, Chromstahldraht Sammlung Herta Zaunschirm, Zollikon, Schweiz Necklace // 1988 // cornelian plaques, rock crystal, chromium steel wire Herta Zaunschirm Collection, Zollikon, Switzerland

Halsschmuck aus vier gesägten Karneolplatten und vier barocken, polierten Bergkristallen mit Verbindungen aus Chromstahldraht. Von Hand gemachtes Sicherheitskettchen aus Chromstahldraht. *Necklace of four sawn cornelian plates and four Baroque polished rock crystals linked with chromium steel wire. Handmade security chain of chromium steel wire.*

Blauer Weg // Halsschmuck // 1986 // Blauquarz, Chromstahl Sammlung Sonja & Christian Graber, Schweiz
Blue Way // necklace // 1986 // blue quartz, chromium steel Sonja & Christian Graber Collection, Switzerland

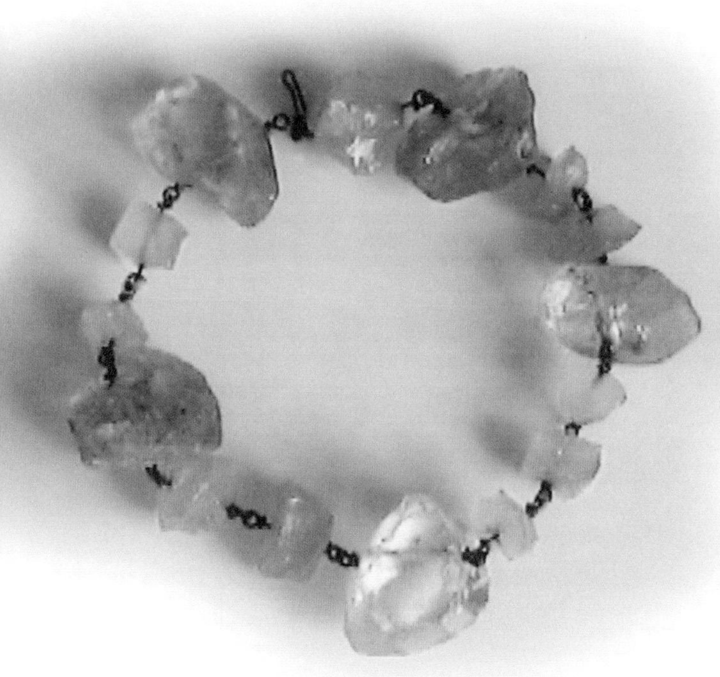

Halsschmuck // 1986 // Bergkristall, Rosenquarz, Kupfer Sammlung Schweizerisches Landesmuseum, Zürich, Schweiz Necklace // 1986 // rock crystal, rose quartz, copper Schweizerisches Landesmuseum collection, Zurich, Switzerland

Hirnsäge, 1986, Stahl, Farbe Schmucksammlung Danner-Stiftung, Pinakothek der Moderne, München
Brain Saw, 1986, steel, paint Schmucksammlung Danner-Stiftung,
Pinakothek der Moderne, Munich

Nur sauber gekämmt sind wir wirklich frei // Halsschmuck // 1983 // Kämme aus farbigem Kunststoff, Verbindungen aus Kobaltdraht We are only really free when we are neatly combed // necklace // 1983 // combs of coloured plastic, linked with cobaltite wire

Connection // Halsschmuck // 1987 // Gummi, Aluminium, Stahl, Porzellan
Connection // necklace // 1987 // rubber, aluminium, steel, porcelain

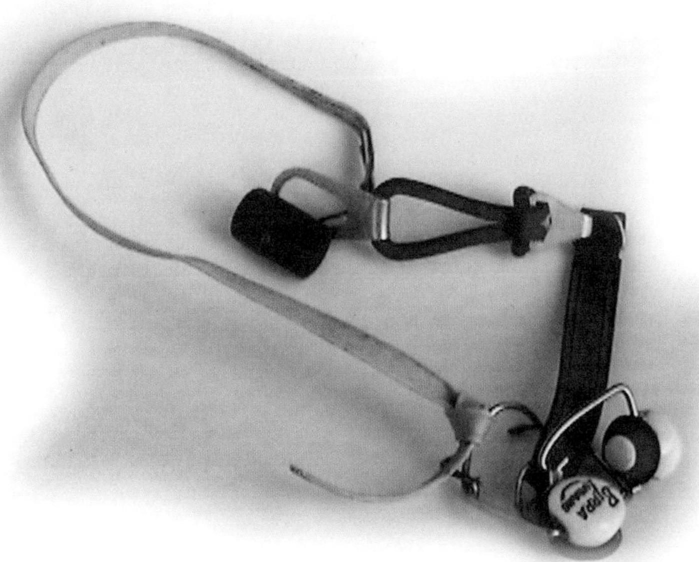

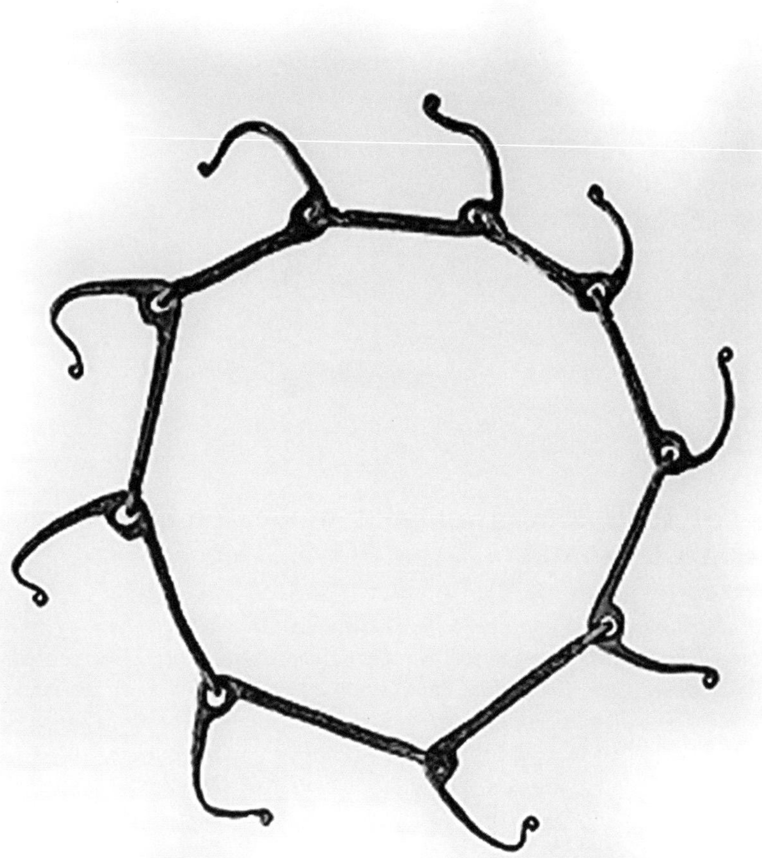

Vogel-Kette // Halsschmuck // 1984 // Schmiedeeisen, Farbe
Privatsammlung Bird Necklace // necklace // 1984 // wrought iron, paint Private collection

Wie vieles andere, das ich verwende, stammen die Haken von Fensterläden aus dem Fundus der Abbruchhäuser in der Nachbarschaft. Fein geschmiedet und individuell geformt reichen diese Unikate in die vorindustrielle Zeit zurück. Jeder dieser „Vogelköpfe" besitzt eine eigene Physiognomie. Sie sind zu einer Kette ohne Anfang und Ende verbunden und verkünden, in einen neuen Zusammenhang hinübergerettet, das nachindustrielle Zeitalter. Im Gegensatz zu anderen bildenden Künsten wurde die Goldschmiedekunst rasch durch die Industrie vereinnahmt, ein beinahe tödliches Verhängnis. Kunst wurde von „Design" abgelöst. Einige wenige kommerzkritische Guerilleros erkannten in den Nischen die Freiheit eines neuen künstlerischen Ausdrucks. *Like much else I use, the hooked pins come from the shutters of houses demolished in the neighbourhood. Finely wrought and individually formed, these are one-off pieces from the pre-industrial era. Each of these 'bird heads' has its own facial expression. They are linked to form a chain without beginning or end, rescued in a new context, the post-industrial era. Unlike the other visual arts, the goldsmith's craft was rapidly taken over by industry, an almost deadly misfortune. Art was replaced by 'design'. Some guerrilleros critical of commercialisation realized that there were niches allowing freedom for new creative expression.*

Halsschmuck // 1994 // Rauchquarz, Rutilquarz, Amethyste, Citrine in Silberfassungen verbunden mit Kupferdraht Sammlung Ivette Mottier, Schweiz
Necklace // 1994 // smoky quartz, rutile quartz, amethysts, citrine in silver settings linked with copper wire Ivette Mottier Collection, Switzerland

Trigon Mars // Brosche // 1988 // Platinweißgold, weißer Saphir, Sternsaphir, Chalcedon, Mondstein, Citrin, Chrysopras Trigon Mars // brooch // 1988 // platinum white gold, white sapphire, star sapphire, calcedony, moonstone, citrine, chrysoprase

Das von Spannungen und Übereinstimmungen geprägte Beziehungsgeflecht zwischen sechs Beteiligten ist das Thema. Die Gruppe der Steine basiert auf einer Vielfalt von Gemeinsamkeiten und Unterschieden in Form, Farbe und Beschaffenheit. Drei ovale, drei runde, zwei opake, zwei transluzide, zwei transparente, zwei facettiert geschliffene, vier bombierte, zwei farblose und vier farbige Steine fügen sich zu diversen Konstellationen. Im Grün des Chrysoprases vereinen sich das Gelb des Citrins und das Blau des Saphirs. *The fabric of relationships between six participantses, fraught with tensions and agreements, is the subject matter. The group of stones is based on a variety of common features and differences in form, colour and properties. Three oval, three round, two opaque, two translucent, two transparent, two facet-cut, four cabochon, two colourless and four coloured stones form diverse constellations. The yellow of the citrine and the blue of the sapphire are united in the green of the chrysoprase.*

Blitzableiter-Kette // Halsschmuck // 1986 // Kupfer feuervergoldet, Rutilquarz, Chromstahlkabel Sammlung Sonja & Christian Graber, Schweiz Lightning Rod Chain // necklace // 1986 // fire-gilt copper, rutile quartz, chromium steel cable Sonja & Christian Graber Collection, Switzerland

Die Blitzableiter habe ich während des Abbruchs alter Häuser in meiner Nachbarschaft in handstreichartigen Aktionen von den Dächern geholt. Nicht selten sind diese Installationen weit über hundert Jahre alt. Zuoberst auf den Firsten richten sie ihre blanken Spitzen wie Lanzen himmelwärts. Diese Spitzen, die dazu da sind, die gewaltige Energie der Blitze zu empfangen, bestehen aus feuervergoldetem Kupfer. Der untere Teil ist eine schmiedeeiserne Stange, von welcher ein dicker Kupferdraht zur Erde führt. Ein alter Blitzableiter hat etwas von einem Apotropäum und weist in eine mythisch-animistische Welt zurück, während sich die modernen Anlagen durch zeitgenössische Nüchternheit auszeichnen. Geladen und geheimnisvoll sind sie allemal Mittler zwischen oben und unten. Wie viele Blitze sie zur Erde geführt haben, wissen die Götter, allen voran der blitzeschleudernde Zeus. In meiner Kette finden sie im Blitzen der Rutilnadeln in den Kristallkugeln einen optischen Reflex. Im Japanischen, heißt übrigens der Blitz „Kaminari", abgeleitet von „Kami" – „Gott/Götter" und „naru" – „werden". *I obtained the lightning rod while old houses were being demolished in my neighbourhood by conducting daring raids on the roofs. Quite often these installations were far more than a hundred years old. Up there on the ridge-pole they aim their polished points skywards like lances. These points, which are there to receive the enormous energy of bolts of lightning, are made of fire-gilt copper. The lower part is a wrought iron pole from which a thick copper earthing wire runs to the ground. An old lightning rod has something apotropaic about it and refers back to a mythical, animistic world whereas modern facilities are distinguished by contemporary sobriety. Charged and mysterious they are definitely mediators between above and below. Only the gods and especially Zeus, brandisher of lightning bolts, know how many bolts of lightning they have conducted to the earth. In my necklace they find an optical reflection in the lightning flash of the rutile quartz needles in the crystal spheres. In Japanese, by the way, the word for 'lightning' is 'kaminari', derived from 'Kami' – 'God/gods' and 'naru' – 'becoming'.*

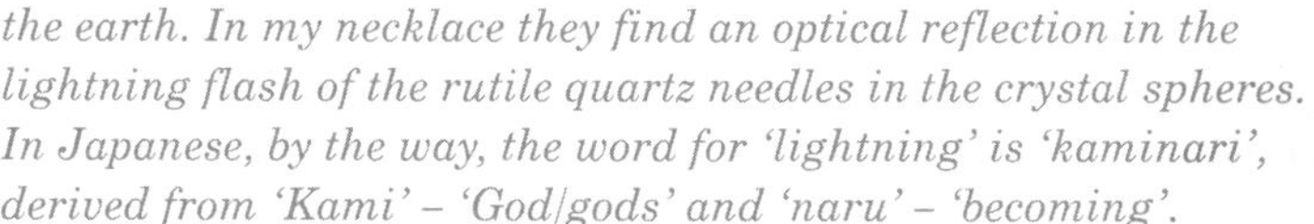

Klemm-Ringe // 1987 // links: Kupfer gehämmert, schwarzer Brillant; rechts: Feingold gehämmert, schwarzer Brillant Privatsammlung, Schweiz
Eye Bolt Rings // 1987 // left: beaten copper, black diamond; right: fine gold, beaten, black diamond Private collection, Switzerland

Die Steine werden einzig durch zwei kleine Einschnitte links und rechts im Querschnitt des Rings festgehalten. Meine erste Ausführung dieser Fassart, die seither weltweit Verbreitung fand und von unzähligen Firmen kommerziell ausgenutzt wird, stammt aus dem Jahr 1978, neben ersten Versuchen von Zweipunktfassungen um 1973.
The stones are only held in place by two little incisions in section on the left and right of the ring. The first setting of this type I made, which since then has spread worldwide and has been put to commercial use by innumerable companies, dates from 1978, except for my first experiments with two-point settings around 1973.

Dem letzten Inka: Atahualpa // Halsschmuck // 1993 // Chromaventurin, Feingoldblech, Chromstahlkabel For the Last Inca: Atahualpa // necklace // 1993 // chrome aventurine, fine sheet gold, chrome steel cable

Die Steinzylinder sind laut Auskunft der Steinschleiferei überzählige Teile eines Auftrags für den Sultan von Brunei. Auf meinen Wunsch hin wurde mir das in Arbeit befindliche Objekt gezeigt. Es handelt sich um einen kleinen Baum von ca. zwei Metern Höhe. Stamm wie Äste aus Chromaventurin, die Blätter aus Jade, die Blüten aus Rosenquarz. Durch Bohrungen in den Steinen wird versteckt Wasser geführt, das auf Blätter und Blüten tropft. Die überschüssigen Steinzylinder wären zersägt und zu konventionellen Formen geschliffen worden. Mir waren sie in ihrem Zustand gerade recht. Für den einen unbrauchbar, für den andern gut genug. *The stone cylinders are, according to the stone-grinders, left over from a commission for the Sultan of Brunei. At my request the object was shown to me while in the process of being made. It is a little tree, approx two metres high. The trunk and branches are of chrome aventurine, the leaves of jade, the blossoms of rose quartz. The stones were drilled through to conduct water unseen so that it dripped on the leaves and blossoms. The superfluous cylinders would have been sawn up and cut into conventional shapes. The state they were in was just right for me. Useless for some, good enough for others.*

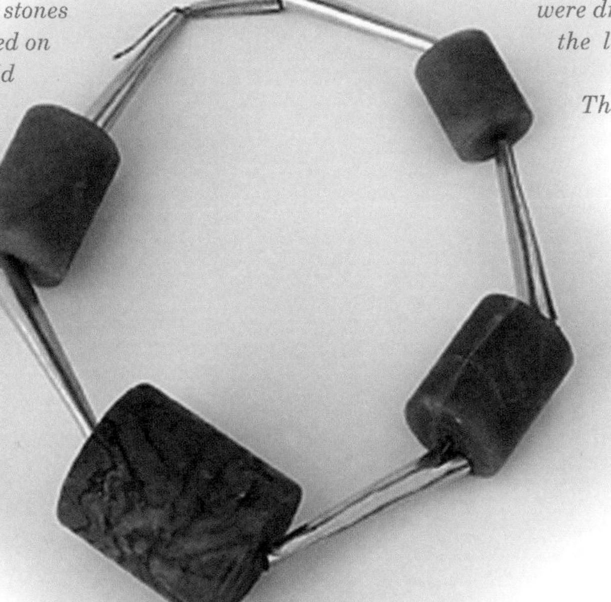

Ohruhr // Ohrschmuck //
1986 // Titanzink, Gold Earwatch // earring //
1986 // titanium zinc, gold

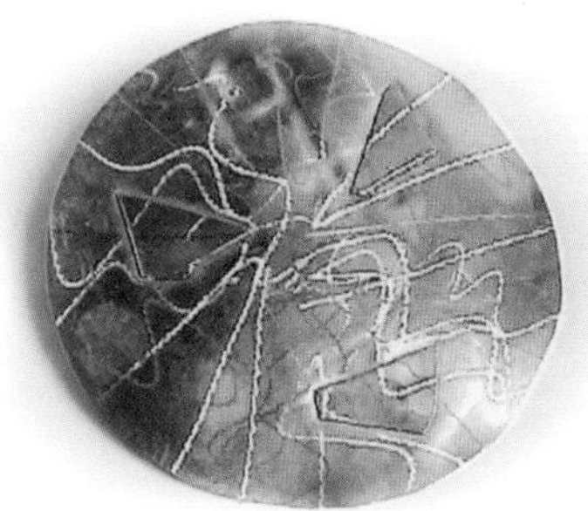

Sonnenscheibe // Ohrschmuck //
1985 // Gold 750, Weißgold Sun Disc //
earring // 1985 // 750 gold,
white gold

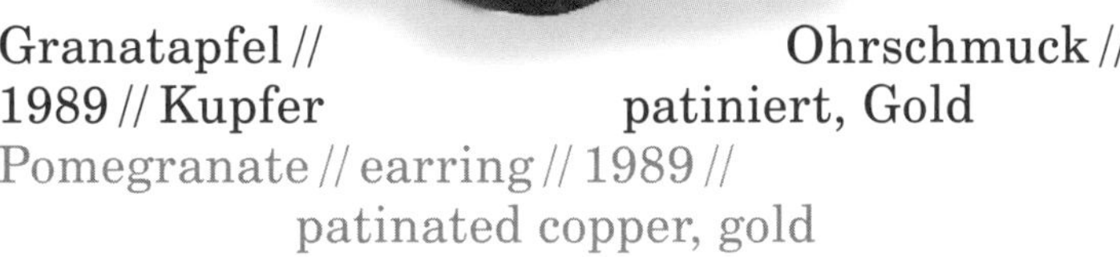

Granatapfel // Ohrschmuck //
1989 // Kupfer patiniert, Gold
Pomegranate // earring // 1989 //
patinated copper, gold

Scheibe // Ohrschmuck // 1984 //
Gold 750 Sammlung Annelies Štrba, Schweiz Disc // earring //
1984 // 750 gold Annelies Štrba Collection, Switzerland

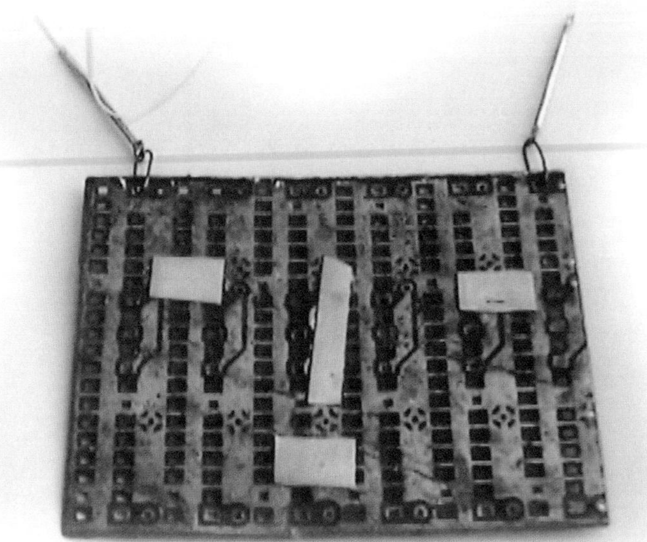

Gefundenes Computerteil // Halsschmuck // 1978/88 // Gold 750, Nylon

Found Computer Part // necklace // 1978/88 // 750 gold, nylon

Füchslein // Brosche // 1984 // Platin 950 Privatsammlung, Schweiz
Little Fox // brooch // 1984 // 950 platinum Private collection, Switzerland

Werfuchs oder Werwolf // Armreif // 1989 // Feingold Sammlung Renée Ziegler, Zürich, Schweiz Werfox or Werwolf // bangle // 1989 // fine gold Renée Ziegler Collection, Zurich, Switzerland

Feingoldblech aus einem ausgewalzten 100 g-Goldbarren. Mit einem Beil habe ich die Figur des Tiers spontan in die glatte Blechoberfläche geschlagen. *Fine sheet gold beaten from a 100 g gold bar. I hewed the figure of the animal spontaneously into the surface of the sheet metal with an axe.*

Armreif // 1990 // Feinsilber, Zinn Sammlung Sonja & Christian Graber, Schweiz Bangle // 1990 // fine silver, pewter Sonja & Christian Graber, Switzerland

Brosche // 1989 // Silber, Chromstahl
Brooch // 1989 // silver, chromium steel

Brosche // 1990 // Titanzink, Silber, Kupfer
Brooch // 1990 // titanium zinc, silver, copper

Diamant // Brosche // 1989 // Titanzinkblech, Gold, Kobaltnadel Privatsammlung, Schweiz Diamond // brooch // 1989 // sheet titanium zinc, gold, cobaltite needle
Private collection, Switzerland

Draht-Kette // Halsschmuck // 1988 // Gold, Silber, Kupfer, Platin, Tantalum Sammlung Sonja & Christian Graber, Schweiz Wire Chain // necklace // 1988 // gold, silver, copper, platinum, tantalum Sonja & Christian Graber Collection, Switzerland

Kette aus von Hand gebogenen Drähten mit runden und rechteckigen Querschnitten in unterschiedlicher Dicke aus verschiedenfarbigem Gold, Silber, Kupfer, Platin und Tantalum. *Chain of hand-bent pieces of wire which are round and rectangular in section and of varying thickness of gold in different colours, silver, copper, platinum and tantalum.*

Brosche // 1988 // Silber, Chromstahl, Korallen Brooch // 1988 // silver, chromium steel, coral

Brosche // 1988 // Silber, Chromstahl, Fischbein Brooch // 1988 // silver, chromium steel, whalebone

Die sieben Säulen der Weisheit // Armschmuck // 1994 // Bergkristall, Kobalt The Seven Pillars of Wisdom // arm jewellery // 1994 // rock crystal, cobaltite

Brosche // 1989 // Stahl einer Flachfeile, Silber Brooch // 1989 // steel from a flat file, silver

Sägen-Ring (für Walter Stürm) // 1989 // Eisensägeblatt, Kobalt
Saw Ring (for Walter Stürm) // 1989 // steel saw blade, cobaltite
Bruchstück eines Eisensägeblattes, auf einen in Kobalt gegossenen tropfenförmigen Ring aufgelötet. Das Objekt ist dem legendären Ausbrecherkönig Walter Stürm gewidmet, gestorben 1999 im Hochsicherheitstrakt.
Fragment of a steel saw blade, soldered on to a teardrop-shaped, cast cobaltite ring. The object is dedicated to the legendary king of prison-breakers, Walter Stürm, who died in high-security in 1999.

Blumen-Ring // 1994 // Segment eines bronzenen Wasserhahns, Türkise Sammlung Annelies Štrba, Schweiz Flower Ring // 1994 // segment of a bronze tap, turquoises Annelies Štrba Collection, Switzerland

Der Ring besteht aus einem abgesägten Segment eines bronzenen Wasserhahns. Die Spur der Säge ist in den Querschnitten sichtbar. Das lebensspendende Element Wasser, das durch dieses Rohr geflossen ist, spiegelt sich in Form und Farbe der Türkise wider, die gleichzeitig als Blumen deutbar sind. Die übrige Fläche ist nahezu lückenlos mit einem blütenteppichartigen Muster ausziseliert. Durch die besondere Art der Fassung werden die Türkise in die Gesamtstruktur integriert. *The ring consists in a sawn-off segment of a bronze tap. The traces left by the saw are visible in section. The life-giving element of water, which flowed through this pipe, is reflected in the form and colour of the turquoises, which can also be interpreted as flowers. The rest of the surface is chased almost entirely with a pattern which resembles a carpet of flowers. The turquoise is integrated in the overall structure through the particular type of setting used.*

Sägenkreuz // Halsschmuck // 1988 // zerbrochene Eisensäge, Silber, Diamanten, Seidenkordel Sammlung Annelies Štrba, Schweiz Saw Cross // necklace // 1988 // broken steel saw, silver, diamonds, silk cord

Annelies Štrba Collection, Switzerland

Das aus Teilen einer zerbrochenen Eisensäge konstruierte Kreuz ist mit sieben, in aufgelötete Silberzargen gefassten Diamantrosen besetzt, die von alten, zerstörten Schmuckstücken stammen. Durch das Loch am oberen Ende des vertikalen Balkens ist eine dreifach verhängte, zu einem Kreis geschlossene Silberkette geführt, die an einer roten Seidenkordel hängt. Das Objekt habe ich in der Karfreitagnacht begonnen, während ich im Radio Wagners „Parsifal" hörte, an Ostern beendet, dann Annelies geschenkt. *Constructed of pieces of a broken steel saw, the cross is set with seven rose-cut diamonds set in soldered-on silver collets taken from old, destroyed pieces of jewellery. A triple-hung silver chain that forms a circle goes through the hole in the upper end of the crossbeam and hangs on a red silk cord. I began the object on the eve of Good Friday while listening to Wagner's 'Parsifal' on the radio, finished it on Easter Sunday and then gave it to Annelies.*

Brosche // 1985 // Holz, Farbe, Perlen, Weißgold Privatsammlung, Schweiz

Brooch // 1985 // wood, paint, pearls, white gold

Private collection, Switzerland

Ein kleines Stück Holz treibt im Wasser. An seinen Seiten haften Schaumblasen in Form von Perlen. Durch das auf der Vorderseite weiß bemalte Holzbrettchen ist ein Weißgolddraht geführt, dessen Enden auf der Rückseite in eine Nadel und deren Verschluss münden.

A little piece of wood is drifting in the water. Bubbles of foam stick to its sides in the form of pearls. A white gold wire runs through the little piece of wood, which is painted white, to end on the back in a pin and its hasp.

Erloschene Sterne in schwarzem Loch // Brosche // 1992 // Jet, schwarze Diamanten, Silber Privatsammlung, Schweiz Extinct Stars in a Black Hole // brooch // 1992 // jet, black diamonds, silver Private collection, Switzerland

... in der Leerheit gibt es weder Formen noch Töne, weder Duft noch Geschmack, weder Tastobjekte noch Vorstellungen ... (Herz Sûtra)

Auf einer scheibenförmigen Platte aus Jet (Gagat) sitzen sieben in Silber gefasste schwarze Diamanten im Brillantschliff. Die Silberfassungen sind schwarz oxydiert, somit ist alles schwarz in schwarz.
Jet ist eine bitumenreiche Form von Braunkohle, reines organisches Carboneum (C), entstanden aus Faulschlamm, und wurde bereits in der jüngeren Altsteinzeit für Schmuck verwendet. Dank der geringen Härte konnte ich mit einer Messerspitze spontan in die tiefschwarze, seidenglänzend polierte Oberfläche zeichnen bzw. kratzen. Aus demselben Element C, nur in einem anderen Aggregatszustand, besteht der Diamant, eine weitere Form wäre der Kohlenstoff des Graphit, mit dem ich schreibe. Bekanntlich besitzt der Diamant von allen Stoffen die größte Härte. Im optischen Verhalten zeigt er Totalreflexion. Widersprüchliche Phänomene haben mich immer fasziniert. Beim schwarzen Diamanten wird das einfallende Licht absorbiert, d.h. verschluckt und gefangen. Nichts gelangt nach außen, deshalb erscheint er schwarz. Ein Gegenstand wird sichtbar, weil wir die von ihm reflektierten Lichtstrahlen wahrnehmen können. Schwarz ist die Abwesenheit von Licht. Schwarz in schwarz wird unsichtbar: zu nichts. Die Brosche auf schwarzem Kleid in einer Neumondnacht getragen ist inexistent, unsichtbar wie ein schwarzes Loch, das selbst Lichtquanten verschluckt.

... in the void there are neither forms nor sounds, neither scent nor taste, neither palpable objects nor ideas ... (Heart Sûtra)

Seven black brilliant-cut diamonds set in silver sit on a disc-shaped plaque of jet (gagate: lignite). The silver settings are oxidised black so everything is black-in-black.
Jet is a bituminous form of brown coal, rich in organic carbon (C), which was formed of deposited sludge and was already used in the Upper Palaeolithic for jewellery. Due to its softness, I could draw or scratch spontaneously with the point of a knife in the deep black, silkily glossy polished surface. The diamond is made of the same element, C, only in a different aggregate state; yet another form would be the carbon in graphite, which I write with. As is well-known, the diamond is the hardest of all substances. Optically it shows total reflection. Contradictory phenomena have always fascinated me. The light falling on a black diamond is absorbed, that is, swallowed up and captured. Nothing goes out again; that is why it looks black. An object becomes visible because we can perceive the light rays reflected by it. Black is the absence of light. Black-in-black becomes invisible: becomes nothing. This brooch on a black dress on a night with a dark moon does not exist, is invisible like a black hole, which even swallows up light quanta.

Holiday in Cambodia // Armreif // 1990 // Silber getrieben Sammlung Sonja & Christian Graber, Schweiz
Holiday in Cambodia // bangle // 1990 // hammered silver Sonja & Christian Graber Collection, Switzerland

Paradiesgarten // Armreif // 1990 // Gold 750 getrieben Privatsammlung, Schweiz Garden of Paradise // bangle // 1990 // hammered 750 gold Private Collection, Switzerland

Lichtgebohrter Diamant in archaischer Fassung // Ring // 1991 Privatsammlung, Miami/FL, USA Light-Drilled Diamond in an Archaic Setting // ring // 1991 Private collection, Miami/FL, USA

Der polykristalline Diamant wurde mit Laserstrahlen durchbohrt und ist in einer geschmiedeten Spange aus Feingold aufgehängt. Im Gegensatz zu Einkristallen können polykristalline Diamanten bisher nicht geschliffen werden. Das liegt an der für diese Körper typischen gegenseitigen Durchdringung der Rhombenoktaeder und -dodekaeder in verschiedenen Winkeln. Als härteste aller Substanzen ist Diamant (von griech. „adámas" = „der Unbezwingbare") bekanntlich nur mit sich selbst schleifbar. Dabei werden die in verschiedenen Richtungen des Kristallgitters auftretenden minimalen Härteunterschiede ausgenutzt. Bei polykristallinen Körpern sind sie aufgehoben, das Schleifmittel findet nirgends einen Angriffswinkel.

In einem wissenschaftlichen Periodikum las ich von Versuchen, Diamanten mit starken Lasern (sog. Yag-Neodym-Laser) zu bearbeiten. Die bei dieser gebündelten Form des Lichts konzentrierte Energie ist so groß, dass der Kohlenstoff des Steins verdampft, während die Umgebung kalt bleibt. Es reizte mich enorm, mit einer so revolutionären Technologie ein Loch zu bohren. Die Realisierung des vorliegenden Rings war indes mit einigem Risiko verbunden. Zunächst galt es, jene Firma in Belgien zu finden, die bereit war, das Experiment zu wagen, selbstverständlich ohne Gewähr. Bei meiner schließlich erfolgreichen Unternehmung war ich von der Vorstellung getragen, mit einem lichtdurchbohrten Diamanten einen Bogen zu spannen zu jenen antiken Rollsiegeln und ägyptischen Skarabäenringen, bei welchen die Steine ebenfalls durchbohrt und beweglich aufgehängt sind. Damit wird ein menschheitsgeschichtlicher Zeitraum von 5000 Jahren überbrückt und relativiert. *The polycrystalline diamond was drilled with laser beams and is suspended in a setting wrought of fine gold. Unlike monoclinic crystals, polycrystalline diamonds could, until very recently, not be cut. This is due to the inner arrangement of rhombic octahedra and rhombic dodecahedra with the faces at different angles. The hardest of all substances is the diamond (from Greek 'adámas' = 'the unconquerable'), which, as is well-known, can only be cut by another dia-*

mond. Cutting in this way exploits the minimal differences in hardness occurring in the various axes of the crystal lattice. These are negated in polycrystalline bodies so the cutting tool cannot find an angle at which it can be effective.

In a scientific periodical I read of experiments in cutting diamonds with powerful lasers (so-called Yag-Neodym Lasers). The energy concentrated in the beams of this finely focused light is so great that the carbon of the stone is vapourised while its immediate surroundings remain cold. I was utterly fascinated by the possibility of drilling a hole by using such a revolutionary technology. Realising the present ring, however, was fraught with some degree of risk. First I had to find a firm in Belgium willing to risk the experiment, it goes without saying, without a guarantee. In my undertaking, which was ultimately successful, I was buoyed up by the idea of being able to link up with those ancient cylindrical seals and Egyptian scarab rings in which the stones are also pierced and suspended so they can move. It spans a period of 5000 years of human history and makes that time-span seem relative.

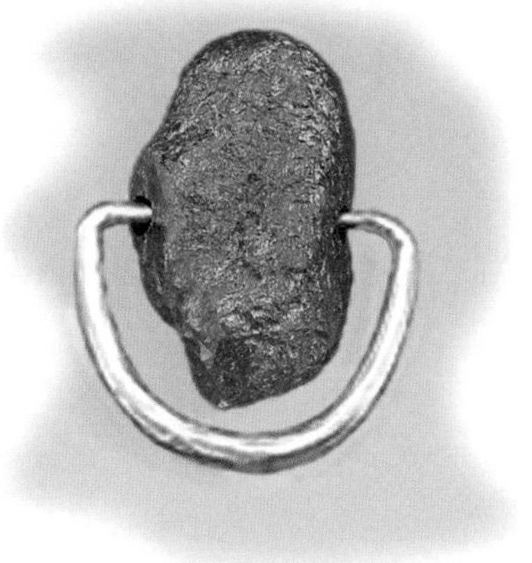

Bein und Elfenbein // Halsschmuck // 1995 // Vorhangringe 19. Jahrhundert, Pfrieme, Ahlen, Nadeln, Löffel, Falzbein, Klaviertasten 19. Jahrhundert Bone and ivory // necklace // 1995 // 19th-century curtain rings, awls, bodkins, needles, spoons, paper folder, 19th-century piano keys

Aus der Hinterlassenschaft meiner Mutter. *From my mother's estate.*

DIES IRAE // Halsschmuck // 1997 // Bronzebuchstaben von abgeräumten Grabsteinen, Hämatit, Onyx, Granat, Topas, Rosenquarz Privatsammlung, Schweiz DIES IRAE // necklace // 1997 // bronze letters from tombstones that cleared away, haematite, onyx, garnet, topaz, rose quartz
Private collection, Switzerland

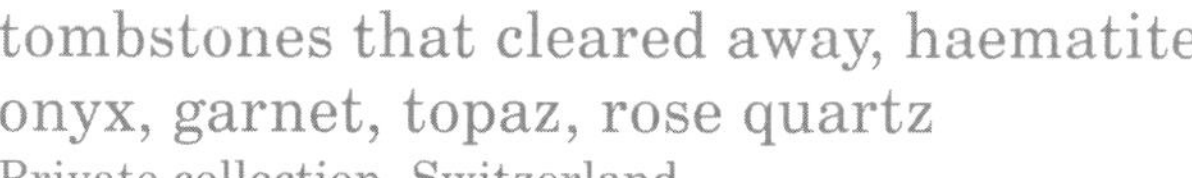

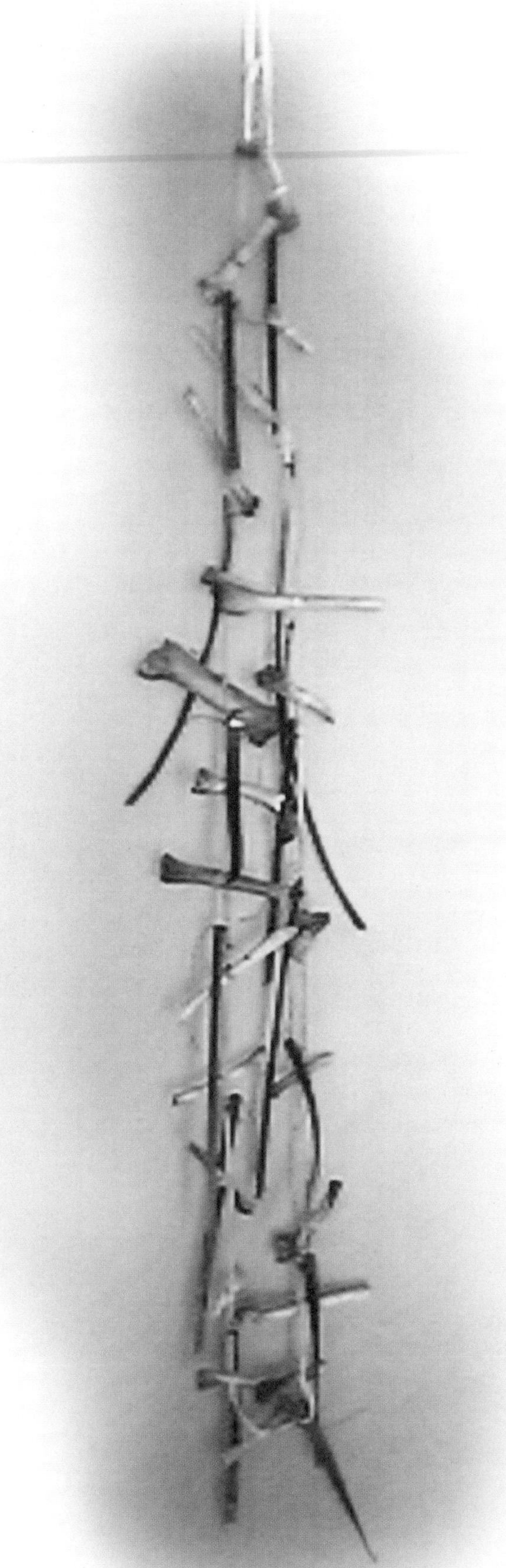

Knochen + Fischbein // Halsschmuck // 1992 // Knochen, Fischbein, Unterhosengummi Privatsammlung, Schweiz Bones + Whalebone // necklace // 1992 // bones, whalebone, underpants elastic Private collection, Switzerland

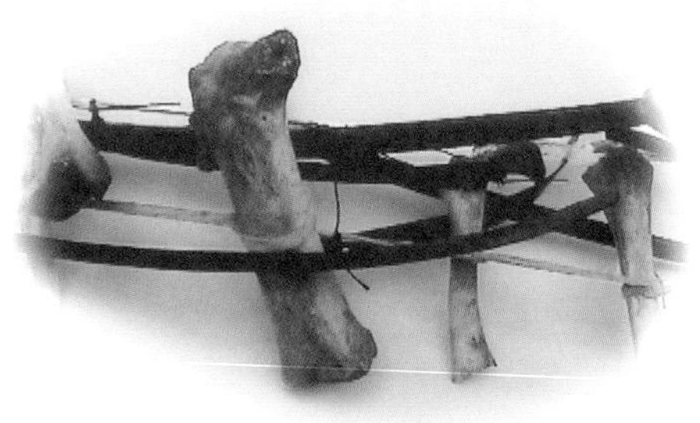

Knochen beim Umgraben im Garten gefunden, von der Tante gesammelte Fischbeinstäbe aus alten Miedern, Gummilire aus alten Unterhosen. Das gehäufte Auftreten von Kleintierknochen an bestimmten Stellen bei der Gartenarbeit wirft gewisse Fragen in Bezug auf die Lebensumstände unserer Ahnen auf, die zu untersuchen nicht uninteressant wäre. Das würde an dieser Stelle jedoch zu weit führen. Ich begann damit, die besterhaltenen Stücke aufzuheben, um sie später vielleicht einmal verwenden zu können.

Nach ihrem Ableben fand sich in den umfangreichen Nähsachen meiner Tante unter anderem ein Bündel mit Stäbchen, die an ihren Enden eine kleine Bohrung aufwiesen. Bei einigen hatten sich darin noch Reste von Fäden erhalten. Die verschiedenen Stäbchen waren aus einer hornartigen Substanz geschnitten, jedoch biegsamer als Horn; sie mussten in Zusammenhang mit Frauenkleidung gestanden haben. Es kam mir seltsam vor, wie schnell das Wissen um bestimmte Materialien und deren Verwendungszweck verloren gehen kann. Schleichend verschwinden Materialien und Formen mit langer Tradition und werden durch Neue ersetzt, ohne dass dieser Übergang jemandem auffällt. Meine Mutter erzählte mir noch, diese Stäbchen seien früher zur Versteifung in Miedern und Korsetts verwendet worden und bestünden aus Fischbein. Fischbein wiederum ist eine alte, irreführende Bezeichnung für die sogenannten „Barten" der Plankton fressenden Blauwale. Man stelle sich die Ereigniskette vor: Zuerst durchkämmten diese Stäbchen die Ozeane der Welt für vielleicht einige Dutzend Jahre, bis ihnen eine Harpune zum Verhängnis wurde. In einer Werkstatt erhielten sie danach ihre heutige Form. Näherinnen bauten sie dann in Damenunterwäsche ein, in der sie wiederum einige Dutzend Jahre Taillen einschnürten und Brüste hoben. Gemessen an dem mit ihnen verflossenen Leben müssten sie ein immenses magisches Potenzial besitzen. Malinowski und Mauss beschreiben dies eindrücklich am Beispiel des Halsketten-Armreifen-Tauschs pazifischer Kulturen, wo die Stücke mit jedem Austausch von Insel zu Insel (Potlatsch) an Wert zunehmen. Was könnte näher liegen, als die Kette in Form einer Halskette weiterzuknüpfen?

Könnte den Dingen eine höhere Wertschätzung zukommen, abgesehen von der, die Lebewesen nicht um des Materials willen zu töten? *Bones found when I was digging in the garden, whalebone stays collected by my aunt from old bustiers, elasticated waistbands from old underpants. Accumulations of bones from small animals in certain places I found while working in the garden raise particular questions with regard to the conditions under which our ancestors lived which would not be uninteresting to study. That, however, would mean going too far here. I began to pick up the best preserved pieces so that I might be able to use them later on.*

After my aunt died, I found, among much else in her copious sewing things, a bundle of stays pierced with small holes at the ends. Remains of thread were left in some of them. The various stays were cut from a horn-like substance yet were more flexible than horn; they had to have some connection with women's clothing. It occurred to me how strange it was that knowledge of particular materials and the uses to which they were put could be lost. Gradually, at a snail's pace, materials and forms looking back on a long tradition disappear to be replaced by new ones without this process being noticed by anyone. My mother told me these stays were once used to stiffen bustiers and corsets and that they consisted of whalebone. Whalebone in turn is an old, misleading term for the so-called 'beards', the upper jaws of blue whales for straining the plankton they eat. One can imagine the concatenation of events. First these stays combed the world's oceans for perhaps some dozens of years until a harpoon proved their undoing. They were given their present form in a workshop. Sempstresses then built them into ladies' undergarments, in which they in turn nipped in waists and lifted bosoms. Measured by the lives that have passed with them they must possess immense potential for magic. Malinowski and Mauss describe this impressively, using the example of the exchanging of necklaces and arm rings in Pacific cultures, with the pieces gaining in value with each exchange from island to island (potlatch). What could be more natural than to add yet another link to the chain in the form of a necklace?

Could these things be more highly appreciated in value, except for the value of not killing a living being for the sake of the material it provides?

Der Himmel-Erde-Ring // 1992 // Knochen, Meteorit, Silber Sammlung Sonja & Christian Graber, Schweiz The Heaven-Earth Ring // 1992 // bone, meteorite, silver Sonja & Christian Graber Collection, Switzerland

In der Erde liegen die Zeugen vergangenen Lebens. Aus dem Weltall erreichen uns Boten verflossener Zeiten. Der Ringkörper besteht aus einem Röhrenknochenabschnitt (Markbein), den ich beim Umgraben im Garten in Melide (Tessin) gefunden habe. Er ist durch Witterungseinflüsse stark ausgebleicht. Ein als Cabochon geschliffener, in eine silberne Zarge gefasster Eisenmeteorit ist in die natürliche Hohlform des Knochens eingelassen. Die gewölbte Oberfläche des Meteoriten wurde angeätzt und zeigt als Folge die typische Kristallstruktur des Metalls in den so genannten Widmannstättenschen Linien.

Ihrer geheimnisvollen Herkunft aus der Tiefe von Raum und Zeit wegen haftet den Meteoriten etwas Ungeheuerliches an. Meteorit wie Knochen repräsentieren Instabilität und Flüchtigkeit als universelles Prinzip, d.h. die Leerheit der Form. Katachi aru ... Ob Lebewesen oder nicht, ob irdisch oder kosmisch. Das Zustandekommen des Ringes ist einer ganzen Kette von Zufällen zu verdanken. Für den Zufall gilt, was Paul Feyerabend auf den Einfall bezog: „dass er von irgendwoher kommt.“ Wie lange war der sterbliche Überrest des Urknalls unterwegs, bis er, vom Gravitationsfeld der Erde vor unbestimmter Zeit eingefangen, im Death Valley (!) abstürzte, aufgefunden, dann bei einem Händler entdeckt und gekauft wurde und zu guter Letzt genau in die Röhre des Knochens passte. Der Ring befindet sich heute in einer Sammlung namens Graber. *The witnesses to past life lie in the soil. Messengers of time past reach us from outer space. The band of the ring consists in a tubular section of bone (marrow bone), which I found while I was digging up the garden in Melide (Ticino). Weather conditions have strongly bleached it. An iron meteorite cut into a cabochon and set in a silver collet has been let into the natural hollow form of the bone. The domed surface of the meteorite was etched and, as a result, reveals the meshlike lines of the metal crystal in what is known as the Widmannstätten structure.*

Because of their mysterious provenance from the depths of time and space, meteorites have something quite monstrous about them. Meteorite, like bones, represent instability and transience as a universal principle, that is, the emptiness of form. Katachi aru ... Be they living beings or not, be they earthly or cosmic. The coming into being of the ring is due to a concatenation of coincidences. What Paul Feyerabend said referring to a sudden flash of insight also applies to coincidence: 'that it comes from somewhere.' How long was this mortal relic of the Big Bang under way, until, caught up in the earth's gravitational field at some indeterminable time in the past, it crashed in Death Valley (!), was found, then discovered and bought by a dealer and ultimately fitted exactly into the tubular cavity of the bone. The ring is now in a collection called the Graber (meaning 'digger/graves'!).

Spulen-Kette //
Halsschmuck // 1996 //
Holz, Achate,
diverse Materialien
Spool Chain //
necklace // 1996 //
wood, agate,
various
materials

Professionelle Deformation // Ring // 1995 // verformter Teekannendeckel, Holzgriffkugel, Perle Professional Deformation // Ring // 1995 // deformed teapot lid, wooden knob, pearl

Ring aus einem Teekannendeckel geschnitten und gebogen, mit Holzgriffkugel, abschraubbar, entzweigesägt, mit Perle im Zentrum. Ring cut and bent from a teapot lid, with wooden knob that unscrews, sawn in half, with a pearl at the centre.

Knochen-Ring // 1996 // Knochen, Glas, phosphoreszierendes Leuchtpigment Bone Ring // 1996 // bone, glass, phosphorescent luminous pigment

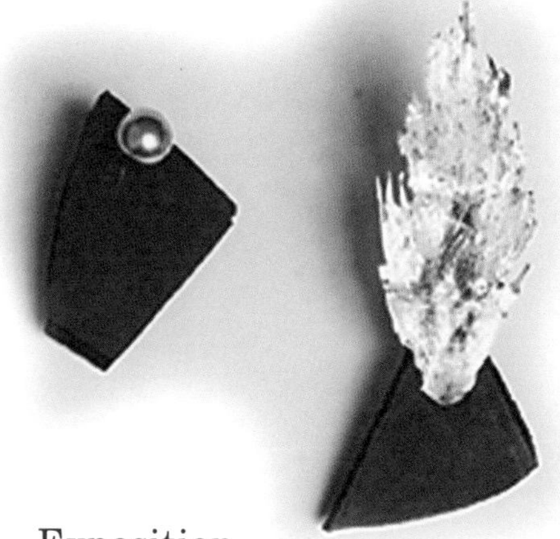

Exposition – Explosion // Ohrschmuck in zwei Akten // 1987 // Onyx, Gold Sammlung Sonja & Christian Graber, Schweiz Exposition – Explosion // earring in two acts // 1987 // onyx, gold Sonja & Christian Graber Collection, Switzerland

Die konfektionierte Verzweifachung bei Ohrschmuck verdoppelt einzig dessen Banalität. Ich habe es schon gesagt, Symmetrien sind langweilig. Dabei sind die Möglichkeiten zur kreativen Auslotung dualer Themen schier unerschöpflich und gerade deshalb interessant. Nur zwischen Verschiedenartigem kann Spannung entstehen. Dass Asymmetrie Harmonie und Ausgewogenheit nicht ausschließt, habe ich von den Japanern gelernt. Duplication of a ready-made earring only doubles its banality. As I have already said, symmetries are boring. However, the possibilities for exploring dual themes are sheer inexhaustible and that is what makes them interesting. That asymmetry need not preclude harmony and balance is something I have learnt from the Japanese.

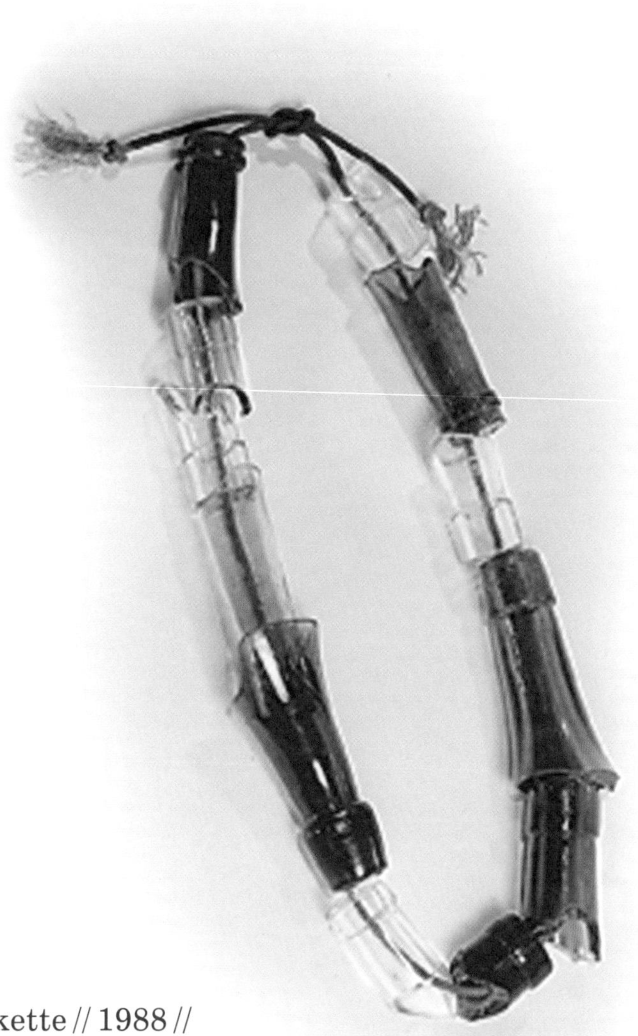

Flaschenhalskette // 1988 //
abgebrochene Flaschenhälse, Schnur
Schmucksammlung Dannerstiftung, Pinakothek der Moderne, München
Bottlenecklace // 1988 // broken-off bottlenecks, cord Schmucksammlung Dannerstiftung, Pinakothek der Moderne, München

Zwölf abgebrochene Flaschenhälse auf eine rot eingefärbte Schnur aufgezogen, die Bruchkanten entschärft. Die Fragmente habe ich in einer überwachsenen Mülldeponie eines ehemaligen Luxushotels am Waldrand von Melide (Tessin) ausgegraben, die ich beim Pflanzen von Bäumen zufällig entdeckte. *Twelve broken-off bottlenecks strung on a cord dyed red, which takes the edge off the broken ends. I dug up these fragments in the overgrown rubbish tip of what was once a luxury hotel on the edge of the wood at Melide (Ticino), which I happened to find while planting trees.*

Schlangen-Armreif // 1997 //
Stahl von eineralten Rundfeile,
Email, Gold 750, schwarze Diamanten
Snake Bangle // 1997 // steel from
an old round file, enamel,
750 gold, black diamonds

Schlange spielt mit Perle // Armreif //
1995 // Eisen, Zuchtperle, Gold, schwarzer
Diamant, Malachitpigment, Zinnober-
pigment Sammlung Helen Drutt, Philadelphia/PA, USA
Serpent Playing with Pearl // bangle // 1995 // iron, cultured pearl, gold, black diamond, malachite pigment, cinnabar pigment
Helen Drutt Collection, Philadelphia/PA, USA

Wie der andere Schlangen-Armreif aus einer Rundfeile geschmiedet und mit Malachitpigment eingefärbt, der Rachen zinnoberrot. Zwischen seinen Kiefern hält das Reptil eine Zuchtperle, die beiden Augen werden durch zwei goldgefasste schwarze Brillanten zum Leben erweckt. Ein taoistischer Mythos vergleicht das Universum mit einer Perle, die von zwei spielenden Drachen in dauernder Bewegung gehalten wird.

Im „Shōbōgenzō" des japanischen Zenpatriarchen Dōgen, geschrieben 1231–1253, wird im Kapitel „Eine klare Perle" von einem chinesischen Meister namens Gensha berichtet, der in der Folge seiner Erleuchtung das Universum stets mit einer klaren Perle zu vergleichen pflegte. *Like the other snake bangle wrought from a round file and coloured with malachite pigment, the jaws painted cinnabar red. In its jaws the reptile grasps a cultured pearl; the two eyes have been made to come alive with two black diamonds set in gold. A Taoist myth compares the universe to a pearl, which is kept in permanent motion by two dragons playing.*

In the 'Shōbōgenzō' written by the Japanese Zen patriarch Dōgen between 1231 and 1253, the chapter 'A clear pearl' tells of a Chinese master named Gensha, who, as a consequence of his enlightenment, always used to compare the universe with a clear pearl.

Zeitsprung-Kette // Halsschmuck //
1997 // phönizisch-karthagische Gewichtsteine, Silikonkugeln,
Schnur Privatsammlung, Frankfurt am Main, Deutschland
Time Leap Chain // necklace // 1997 //
Phoenician-Carthaginian weight stones,
silicone balls, cord Private Collection,
Frankfurt am Main, Germany

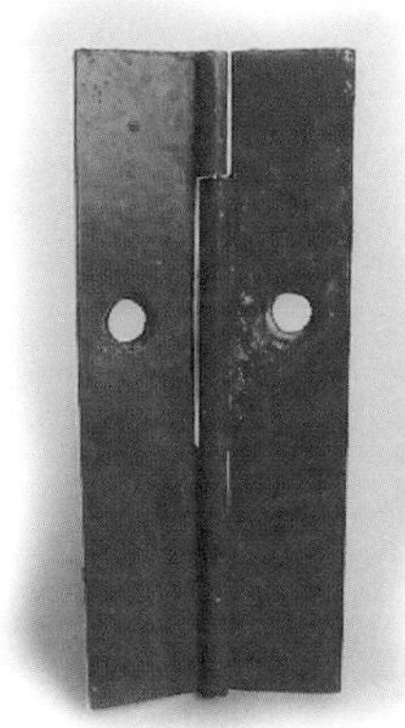

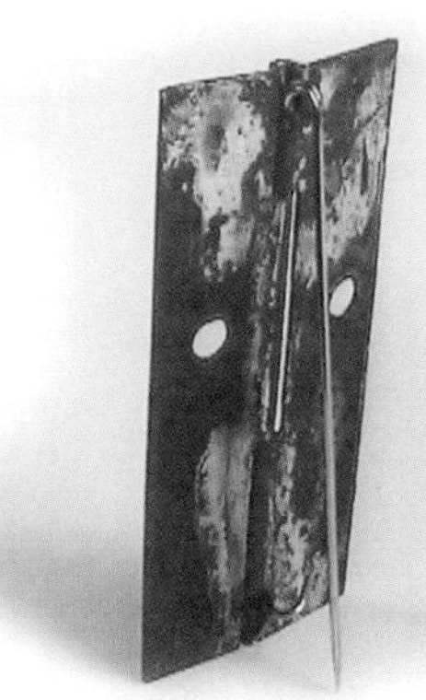

Scharniermaske I // Brosche // 1994/2002 // rote Farbe, Stahl, Messing, Kobalt Hinge Mask I // brooch // 1994/2002 // red paint, steel, brass, cobaltite
Scharniermaske II // Brosche // 1994/2002 // Stahl, Messing, Kobalt // Vorderseite // Rückseite Hinge Mask II // brooch // 1994/2002 // steel, brass, cobaltite, Front // Back

Ring // 1994 // geschmiedetes Meteoreisen, Glasur, schwarze Brillanten Privatsammlung, Schweiz Ring // 1994 // wrought meteor iron, glaze, black diamonds Private collection, Switzerland

Die Innenseite glasiert, sieben schwarze Brillanten in Silber gefasst. *The inner surface glazed, seven black diamonds set in silver.*

Schlangen-Ring // 1995 // Kupfer, Rohdiamant Privatsammlung, Miami/FL, USA Serpent Ring // 1995 // copper, rough diamond Private collection, Miami/FL, USA

Ein Rohdiamant liegt leicht beweglich, jedoch sicher gefasst in den Windungen eines Schlangenkörpers. In den harten Reflexen und dem charakteristischen Glanz zeigt der Stein die typische Oberfläche von naturbelassenem Diamant (vgl. die lichtgebohrten Diamanten von 1991 bzw. 1992). Die Kristallform (Habitus) ist eine außergewöhnlich schöne Ausprägung mehrerer, einander durchdringender Rhombendodekaeder (sog. polykristalliner Habitus). Das seltene Exemplar konnte ich aus einer Idar-Obersteiner Mineraliensammlung erwerben. Nach Aussage des Gemmologen stammt der Stein aus einer sekundären Lagerstätte Zimbabwes. Im Gegensatz zu den Steinen aus primären Lagern in den Tuben erloschener Vulkane hat dieses Stück eine lange Reise hinter sich: vom Zerfall des vulkanischen Gebirges bis ins abgelagerte Geschiebe (Sediment) eines Flusses, wo es gefunden wurde. Die Schlange, aus reinem Kupfer geschmiedet, bildet Ring und Fassung in einem. In meiner Vorstellung ist sie lebendig und schlingt sich wirklich um einen Felsblock. Die Schuppenstruktur ihrer Haut ist ziseliert, die Oberfläche patiniert. Nach mehrfacher Umschlingung von Stein und Finger verschlingt sich das Tier selber. Eine Anspielung auf ein vertrautes buddhistisches Symbol des ewigen Kreislaufs. Nach der tibetischen Mythologie werden die Bodenschätze von Schlangen bewacht. Zu den Attributen des Vajrapani, der mächtigsten der zornvollen Gottheiten des Vajrayana-Buddhismus, gehören neben dem namengebenden Vajra (Diamantszepter), den er in der erhobenen Rechten hält, als Symbol der Leere und Absolutheit auch Schlangen, die seinen Körper und die Extremitäten umschlingen. Leider ist es an dieser Stelle nicht möglich, näher auf deren ikonographische Bedeutung einzugehen, ebenso wenig auf die negative Besetzung der Schlange im westlich-christlichen Kulturkreis. *A rough diamond lies, slightly mobile yet set securely in the coils of a serpent's body. With its hard play of prismatic colour and characteristic brilliance, the stone shows the typical surface of a diamond left rough in its natural state (cf the light-drilled diamonds of 1991 and 1992). The crystal form (habit) is an exceptionally fine formation of several interpenetrating rhombic dodecahedra (so-called polycrystalline habit). I succeeded in acquiring this rare specimen from a minerals collection in Idar-Oberstein, Germany. According to the gemmologist, the stone was recovered from a secondary deposit in Zimbabwe. Unlike stones recovered from primary deposits in the tubes of extinct volcanoes, this piece had long travels behind it: from the decay of volcanic mountains all the way down to the alluvial detrital deposit (sediment) of a river, where it was found.*

The serpent, wrought of pure copper, forms the ring and setting in one. In my mind's eye, it is alive and is really coiling about a boulder. The scaly texture of its skin is chiselled and the surface patinated. After coiling several times about the stone and the wearer's finger, the serpent devours itself. An allusion to a familiar Buddhist symbol of the eternal cycle of being and becoming, waxing and waning. As Tibetan mythology has it, natural resources are guarded by serpents. The attributes of Vajrapani, the mightiest of the wrathful divinities of Vajrayana Buddhism, include serpents coiling about his body and limbs as well as the Vajra from which his name derives (diamond sceptre), which he holds in his uplifted right hand as a symbol of the void and the absolute. Unfortunately, it is impossible to go into their iconographic signficance in more depth here nor is it possible to discuss the negative connotations of the serpent in Western-Christian culture.

Tautropfen an Knospen // Armspange // 2001 // Gold 750, Email, Weißgold, Brillanten Privatsammlung, Schweiz Dew Drops on Buds // bangle // 2001 // 750 gold, enamel, white gold, diamonds Private collection, Switzerland

Die Tautropfen als Metapher des Vergänglichen entdeckte ich in Toyotomi Hideyoshi's Abschiedsgedicht. Hideyoshi, Regent in einer der bewegtesten Phasen des japanischen Mittelalters, hinterließ, wie es bis in die Meiji-Ära etwa unter Künstlern und Gebildeten üblich war, ein letztes Gedicht im Angesicht des Todes. Die Kürze des Lebens wird dort verglichen mit den Tautropfen, die an der Morgensonne ebenso schnell verschwinden wie jenes, ohne die geringste Spur zu hinterlassen. Gleichzeitig aber wird in diesem Bild ein weiterer Vergleich geradezu heraufbeschworen, ohne auch nur mit einem einzigen Wort Erwähnung zu finden, nur durch reine Weglassung: der Vergleich des Lebens mit dem Wunderbaren. Denn wer die Erscheinung je beobachtet hat, weiß um deren überwältigenden Zauber: Die sich tausendfach sternförmig und in den Spektralfarben des Tautropfen brechende Sonne.

Die Diamanten wiederum, als Metapher der Tautropfen, werden so auf die Ebene des Vergänglichen gebracht, wo sie auch hingehören – ganz im Gegensatz zur Marketingstrategie der Diamantenkartelle stehend, die mit ihrer ewigen Behauptung, ein Diamant sei unvergänglich, selbst die Gesetze der Physik außer Kraft zu setzen weiß. Wer den Versuch nicht scheut: In einer Acetylen-Sauerstoff-Flamme verbrennen Diamanten bei 1300° C ohne Rückstände, wie Tautropfen ... *I discovered dew drops as a metaphor for transience in Toyotomi Hideyoshi's farewell poem. Hideyoshi, who ruled during one of the most turbulent periods of the Japanese Middle Ages, left behind a last poem as he was about to die, as was usual among artists and the educated on down to the Meiji Era. The brevity of life is compared there to dew drops which vanish just as quickly as life without leaving the slightest trace. At the same time, however, a further comparison is really conjured up in this image without being mentioned in a single word, just there purely by omission: the comparison of life with the miraculous. For anyone who has ever observed the phenomenon knows how overwhelmingly magical it is: the sun's rays broken up like thousands of stars in the prismatic colours of the dew drop.*

Diamonds, on the other hand, as a metaphor for dew drops, are brought down to the plane of the transient, which is where they belong – just the opposite to the marketing strategy employed by the diamond cartel, with their incessant claims that a diamond is forever, which even disregard the laws of physics. Anyone willing to risk the experiment: in the flame of an acetylene-oxygen torch diamonds burn away at 1300° C without residue, like dew drops ...

Tautropfen an der Sonne // Armspange // 2000 // Gold 750, Email, Weißgold 750, Brillanten Sammlung Musée de l'Horlogerie, Genf, Schweiz Dew Drops in the Sun // bangle // 2000 // 750 gold, enamel, 750 white gold, diamonds Musée de l'Horlogerie, Geneva, Switzerland

Zweig mit Beeren // Armspange // 2001 // Gold 750, Email, Silber, Perlmutt
Sammlung Hiko Mizuno College of Jewelry, Tokio, Japan Twig with Berries // bangle // 2001 // 750 gold, enamel, silver, mother of pearl Hiko Mizuno College of Jewelry collection, Tokyo, Japan

The Heart Sûtra // Armreif // 2000 // Gold 22 Karat Sammlung Bollmann, Wien, Österreich

The Heart Sûtra // bangle // 2000 // 22 ct gold Bollmann Collection, Vienna, Austria

Der goldene Armreif ist Träger einer Botschaft und beinhaltet das Hannya Shingyo Sûtra, im Deutschen auch bekannt als Herz Sûtra. Dessen Urtext wurde durch Kumarajiva nach China gebracht und 402–403 vom Sanskrit ins Altchinesische übersetzt, in Japan als Kambun sinojapanisch gelesen. Den Kambuntext habe ich der einfacheren Lesbarkeit und Schreibbarkeit halber in die phonetisch gelesene japanische Hiragana-Schrift transkribiert und mit dem Griffel auf die Außenseite der Wachsform geschrieben. Die Innenseite enthält die ins Englische übertragene Version. Als Informationsträger eine Art Stein von Rosette. Inhaltlich die auf 286 Schriftzeichen verdichtete Metaphysik der 600-bändigen Lehre Buddha Shakyamunis. Das darin enthaltene Axiom „Form ist Leere, Leere ist Form" findet seine Entsprechung sowohl im Armreif als Körper und Hohlform als auch in der Negativform der Schrift (Matrix), die sich auf der Innen- und Außenseite – in Form zweier gegenläufiger Spiralen – über den Körper hinaus nach unten und oben ins Unendliche fortsetzt. Ein Versuch zur Überwindung materieller Wertbegriffe. *This gold bangle carries a message and its content is the Hannya Shingyo Sûtra, also known in German as the Heart Sûtra. The original text was brought to China by Kumarajiva and translated in 402–403 from Sanskrit into ancient Chinese, which is read in Japan as Sino-Japanese Kana. To make it easier to read and write, I transcribed the Kana text into phonetic Japanese Hiragana characters and wrote it with the graver on the outside of the wax mould. The inside contains the version translated into English. As the support for information a sort of Rosetta Stone. Containing the metaphysical teaching of the Shakyamuni Buddha, 600 volumes condensed into 286 characters. The axiom contained in it, 'Form is emptiness, emptiness is form' is matched both in the bangle as a body and hollow form and the negative form of the writing (matrix), which continues on the inside and outside – in the form of two spirals coiling in opposing directions – beyond the body downwards and upwards into infinity. An attempt to overcome notions of intrinsic material value.*

Hängende Schere // Anhänger // 1997 // Silber 925, 2 Diamantrosen als Achse, Keflar, Stahlkabel Privatsammlung, USA
Hanging Scissors // pendant // 1997 // 925 silver, 2 rose-cut diamonds as an axis, Keflar, steel cable Private collection, USA

Die Schere ist der Abguss einer Plastik-Kinderschere in Silber, dadurch sind die beiden Schneideteile starr miteinander verbunden. In die ehemalige Achse habe ich beidseitig je eine Diamantrose gefasst, die – nahe ans Auge gehalten – bei der Durchsicht einen wundersamen, kaleidoskopartigen und spektralfarbigen Raum eröffnen. Den Gesetzen der Logik widersprechend, hängt die Schere erstaunlicherweise immer noch am Faden, den sie doch soeben zertrennt zu haben scheint. *The scissors is a cast taken in silver of a plastic children's scissors, which is why the two cutting parts are rigidly connected with each other. In what was once the axis I have set a rose-cut diamond on each side, which – when held up close to the eye – opens up a fantastic, kaleidoscopic and prismatically coloured space when looked through. Defying the laws of logic, the scissors are surprisingly still suspended from the thread which they seem to have just cut.*

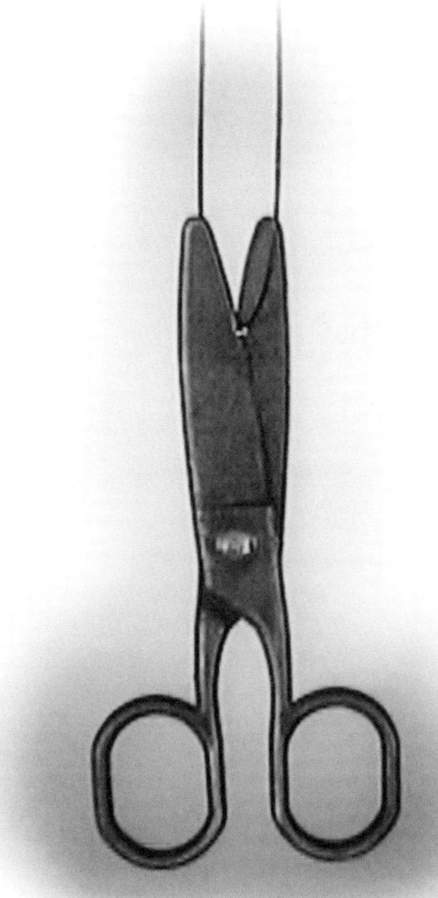

Stupa-Ring // 1998 // Gold 750, Stahl-Kabelschelle (so genannte „Oetiker-Bride") Gummizapfen, Zuchtperlen Sammlung Hiko Mizuno College of Jewelry, Tokio, Japan Stupa Ring // 1998 // 750 gold, steel cable-coupling (so-called 'Oetiker Bride') rubber cone, cultured pearls Hiko Mizuno College of Jewelery collection, Tokyo, Japan

Der goldene Konus mit der umlaufenden, in der Spitze endenden Spirale ist der Abguss eines Ausgussteils, das man in Milch- und andere Packungen steckt, um die Flüssigkeit gezielter ausgießen zu können. Der eigentliche Ausguss steckt aber in einem schwarzen Gummizapfen mit rostiger „Oetiker-Bride" (Stahl-Kabelschelle) und ist dadurch unsichtbar. In dem turmartigen Monument sind Perlen eingeschlossen. Sie sind ein Abschiedsgeschenk meines japanischen Kollegen und Freundes Kazuhiro Itoh, das er mir kurz vor meinem Abflug von Tokio im Jahre 1998 in die Hand drückte. Die Perlen wurden zum Abschiedsgeschenk im wahrsten Sinn des Wortes. Zwei Monate später war er tot, gestorben an einem Hirnschlag auf dem Weg zur Arbeit im Zug von Kamakura nach Tokio. Der Ring mit den Perlen wurde zum Denkmal und befindet sich heute in der Sammlung des Hiko Mizuno College, wo Itoh als leitender Dozent wirkte. *The gold cone with the spiral coiling about it to end at the tip is the cast of a spout which is inserted into milk cartons and other such cartons so the liquid can be poured out more accurately. The actual spout, however, sits in a black rubber tip with a rusty 'Oetiker Bride' (steel cable-coupling) and is, therefore, invisible. Pearls are enclosed in the tower-like monument. They are a farewell present from my Japanese colleague and friend Kazuhiro Itoh, who put the into my hand shortly before I flew from Tokyo in 1998. The pearls became a farewell present in the most literal sense of the word. Two months later he was dead, dead of a cerebral haemorrhage caused by a stroke he suffered on the way to work on the train from Kamakura to Tokyo. The ring with the pearls became a monument and is now in the collection at Hiko Mizuno College, where Itoh worked as a head lecturer.*

Stupa-Ring im Stempelkästchen meines Vaters // 1998 // Holz, Stempelkissenfarbe Stupa Ring with my Father's Ink-Pad // 1998 // wood, ink from the pad

Trichter // Halsschmuck // 1998 // Gold 750, Keshiperlen, Textil Funnel // necklace // 1998 // 750 gold, Keshi pearls, cloth

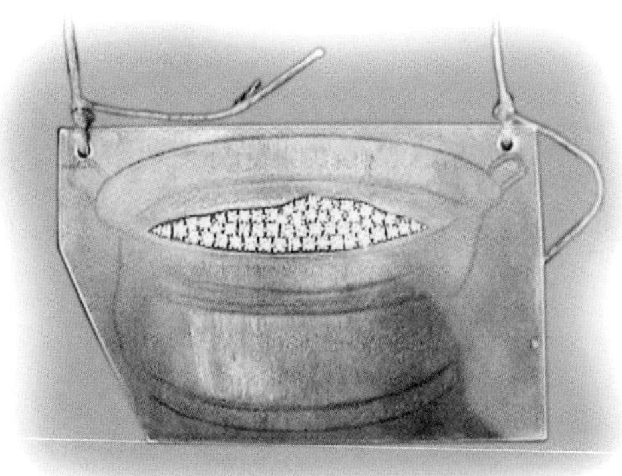

Kohlenkessel // Halsschmuck // 1999 // Silber 925, Brillanten, Schnur, Koralle Privatsammlung, Belgien Coal-Scuttle // necklace // 1999 // 925 silver, diamonds, cord, coral Private collection, Belgium

Abguss eines alten Zinkclichés, wie sie im Buchdruck für Zeitungen noch bis in die 50er Jahre des 20. Jahrhunderts verwendet wurden. Wäscheeimer dienten früher auch zum Hochtragen der Kohlen aus dem Keller. In der vorliegenden Arbeit erscheint der Kohlenstoff in der Aggregatform des Diamanten. Im übertragenen Sinn bedeutet „Kohle" Geld, zumindest im deutschen Sprachraum. Der silberne Eimer wird von einer aus Korallen geschnitzten Hand an einer Schnur hochgezogen. *A cast taken from an old zinc cliché block of the kind still used at printers in the newspaper business on into the 1950s. Laundry pails were also once used as scuttles for carrying coals up from cellars. In the present work, the carbon appears in its aggregate state as a diamond. In the figurative sense of the word 'coal' means 'money', at least where German is spoken. The silver bucket is being drawn up on a cord by a hand carved of coral.*

Fläschchen-Ring // 2001 // Parfümflakon, Glas mit Schraubverschluss, Gold 750
Flacon Ring // 2001 // scent flacon, glass with screw stopper, 750 gold

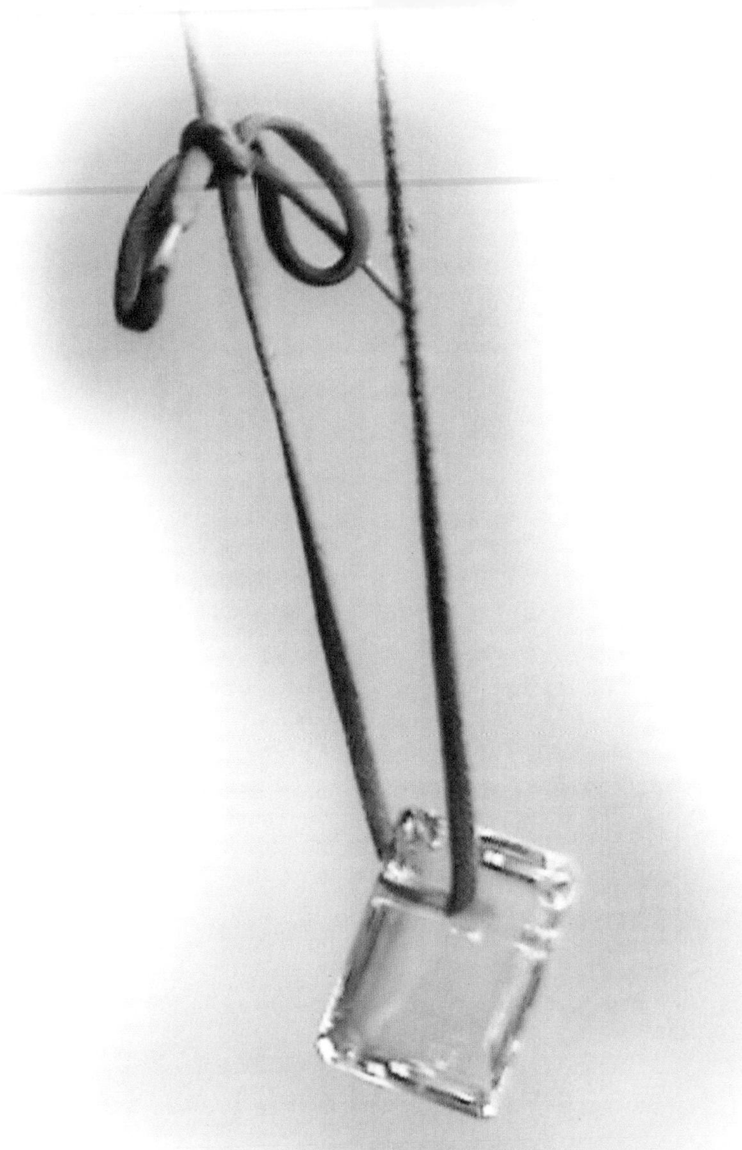

Durchschuss // Anhänger // 1999 // Citrin an Schnürsenkel
Sammlung Annelies Štrba, Schweiz Bullet Hole // Pendant // 1999 // citrine on shoelace Annelies Štrba Collection, Switzerland

Der facettierte Citrin wurde von mir mit einem Diamantbohrer von hinten schräg durch den Körper nach vorne durchbohrt bis auf ein ganz schmales, stehen gelassenes Stück von ca. einem Millimeter Dicke. Diese letzte, dünne Schicht habe ich daraufhin mit einem Stahlstift durchschlagen, was zu dem dafür charakteristischen, zersplitterten Ausbruch auf der Steinoberfläche führte, wie es beim Durchschuss von ballistischen Geschossen typisch ist. Dadurch erhält das Objekt erst jene Dynamik, die es von gewöhnlichen Bohrungen unterscheidet.

I drilled through the faceted citrine with a diamond drill obliquely from behind, leaving only a very narrow bit approx one millimetre thick. I then broke through this last thin layer with a steel pin, which led to the fragmented hole on the surface of the stone characteristic of the point of entry of ballistic projectiles. This gives the object the dynamics which distinguish it from conventional piercings.

Schwebender Citrin // Ring // 2000 // Citrin, Unterlagsscheibe von La Gomera (Stahl)

Privatsammlung, Düsseldorf, Deutschland

Hovering Citrine // 2000 // ring with citrine, washer from La Gomera (steel)

Private collection, Düsseldorf, Germany

Komm, küss mir den Schädel // Halskette // 1999 // Glas ausgesägt aus Giftflaschen, Bergkristall, Edeltopas, Beryll, Amethyst, Aquamarin, Citrin, Feingold, Goldlegierung, Süßwasserperlen, Kobaltdraht Ø 0,5 mm Sammlung Cathrin & Jacques Herzog, Basel, Schweiz Come Kiss My Skull // necklace // 1999 // glass sawn out of poison bottles, rock crystal, precious topaz, beryl, amethyst, aquamarine, citrine, fine gold, gold alloy, freshwater pearls, cobaltite wire Ø 0.5 mm Cathrin & Jacques Herzog Collection, Basel, Switzerland

Ein Halsschmuck, der in vielen Farben schillert und zwischen Seeräuberromantik und Memento mori hin und her oszilliert. Das Gedicht aus den Gagenliedern (Christian Morgenstern), auf das sich das Stück bezieht, eine „Entdeckung" aus meiner frühen Jugend, hat bis heute seine Aktualität bewahrt und passt, so denke ich, zum Schädel von Jacques Herzog genauso gut wie zu meinem Eigenen. In der Poesie wie in der Architektur von H&D (Herzog & de Meuron) wie auch im Halsschmuck kommt für mich eine todesverachtende Tollkühnheit zum Ausdruck. *A necklace which glitters in many colours, oscillating between pirate romanticism and memento mori. The poem from the Songs from the Gallows (Christian Morgenstern) to which the piece refers, a 'discovery' made in early youth, has kept its relevance to this very day and suits, I think, Jacques Herzog's skull just as well as mine. As I see it, a reckless boldness is expressed in poetry and in the architecture by H&D (Herzog & de Meuron) as well as in this necklace.*

Komm, küss mir den Schädel // Halskette // 1999 // in Schachtel Come Kiss My Skull // necklace // 1999 // in a box

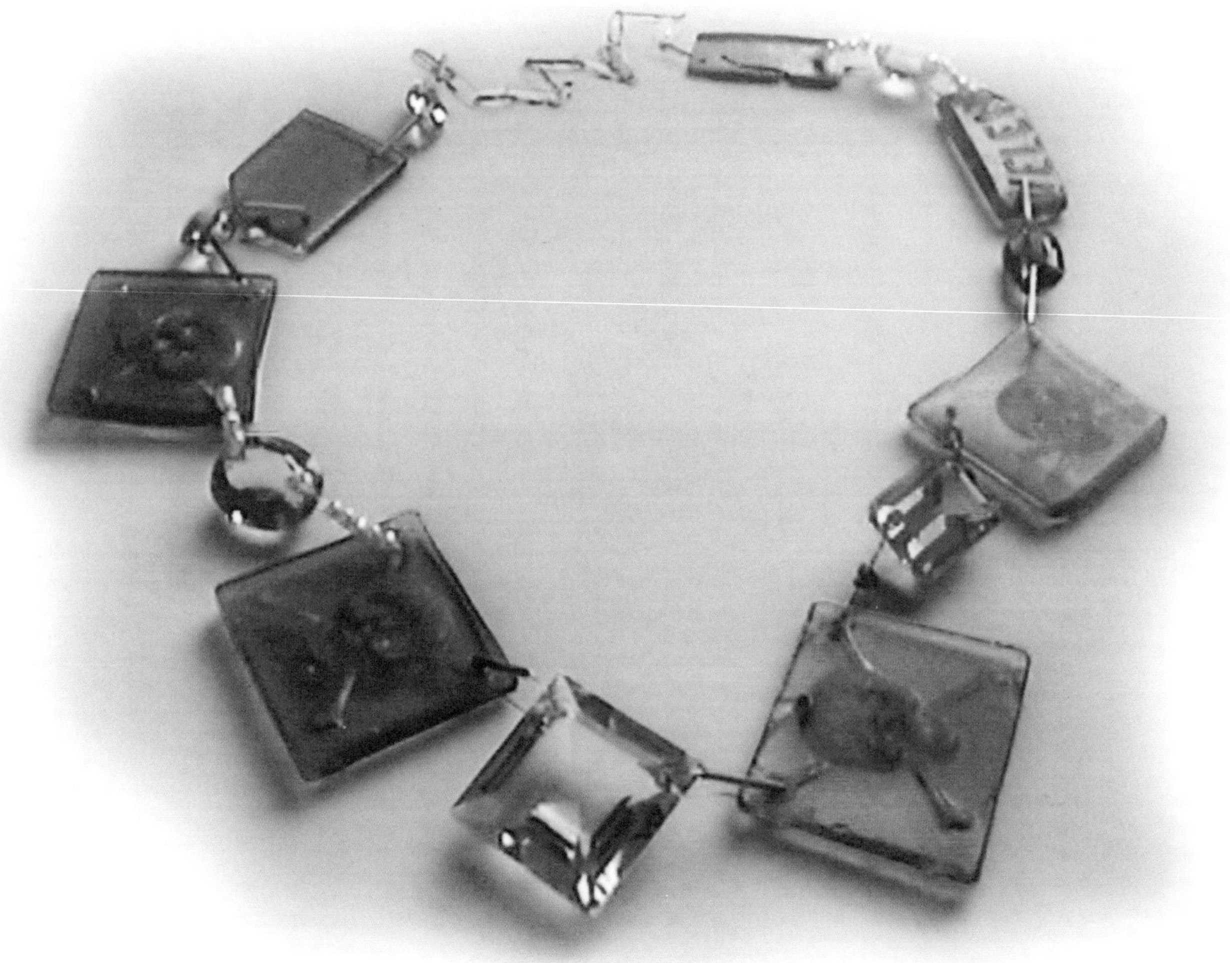

Schädelkrone I // Halsschmuck // 2002 // Glas von Giftflasche, Gold 750, Keshiperlen Cranium Crown I // necklace // 2002 // glass from a poison bottle, 750 gold, Keshi pearls

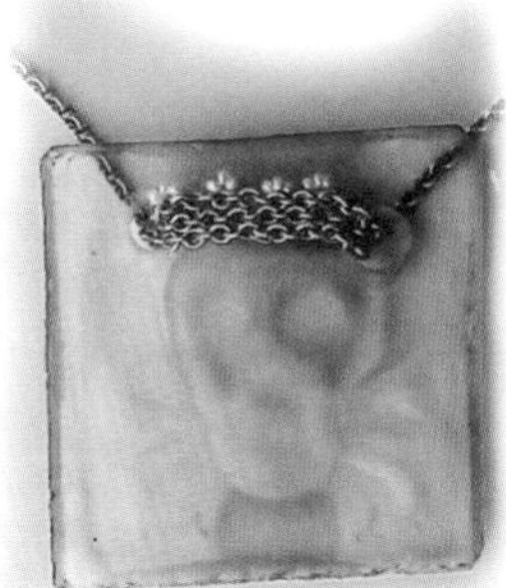

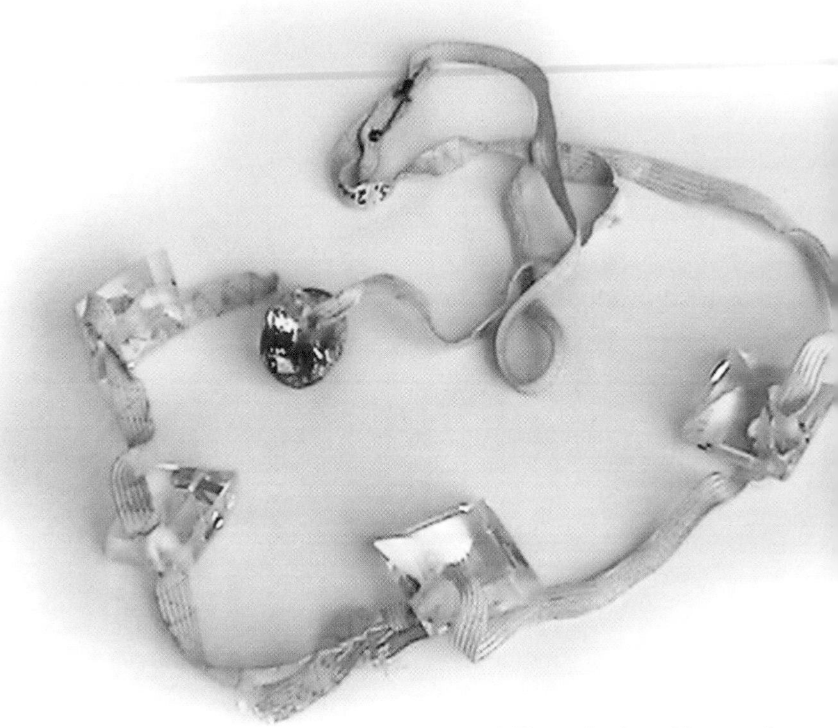

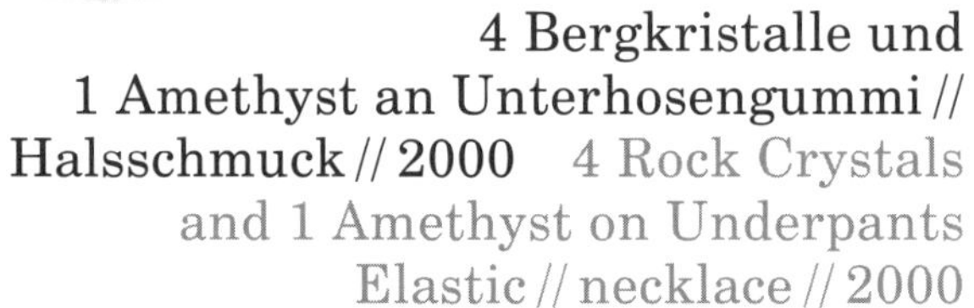

4 Bergkristalle und 1 Amethyst an Unterhosengummi // Halsschmuck // 2000 4 Rock Crystals and 1 Amethyst on Underpants Elastic // necklace // 2000

Attention Gift // Armreif // 2000 // Glas von Giftflasche, Blattgold, Perlen, Farbe Caution // Poison // bangle // 2000 // glass from a poison bottle, gold leaf, pearls, paint

Im Lauf der Zeit hat sich bei mir eine ansehnliche Sammlung von Giftflaschen angehäuft, begonnen mit jenen, die meine Mutter im dunklen Kämmerchen unter der Treppe aufbewahrte und in denen ich, ich kann mich gut erinnern, in früher Jugend jeweils Salmiak, Ameisen- und Salzsäure aus der Drogerie holen musste. Einmal ließ ich eine Flasche mit Salzsäure nur noch wenige Schritte von unserem Haus entfernt auf das Sträßchen fallen. Das Staunen über das Ereignis, das sich damals auf dem Boden abspielte und fast einem Wunder gleichkam, war stärker als die Angst, und so blieb ich fassungslos minutenlang davor stehen und sah, wie der Schaum höher und höher stieg, wie in dem Märchen „Der süße Brei" von den Gebrüdern Grimm. Vielleicht war es dieses Erlebnis und das Wissen um die diesen grünen, gläsernen Flaschen innewohnende Kraft, die eingeprägten Totenschädel mit Gebeinen, die sie für mich zu mystischen, ja sakrosankten Gegenständen werden ließen. Der Armreif ist aus einer jener alten und wahrscheinlich noch mundgeblasenen Flaschen geschnitten. Die Fläche des Querschnitts habe ich blattvergoldet, die Schädel besitzen Kronen aus halben Perlen. *In the course of time I have amassed a considerable collection of poison bottles at home, beginning with those my mother used to keep in a little dark closet under the stairs and in which, I remember well, I had to fetch ammonia, formic acid and hydrochloric acid from the chemist's in my early youth. Once I dropped a bottle of hydrochloric acid on the street only a few paces from our house. My amazement at the event which took place then on the ground and seemed almost like a miracle was stronger than fear and so I stood in front of it for many minutes watching as the foam rose higher and higher, just as it does in the fairy tale 'Sweet Porridge' by the Brothers Grimm. Perhaps it was that experience and my knowledge of the powers residing in these green glass bottles, the embossed skull and bones, which made them become mystical, even sacrosanct objects for me. The bangle was cut from one of those old, probably still hand-blown bottles. I have gilded the end edges with gold leaf; the skulls have crowns of half pearls.*

Schädel-Kette //
Halsschmuck // 2002 // Glas, Textil
Skull Chain // necklace // 2002 //
glass, cloth

Schädelkrone II // Halsschmuck //
2002 // Glas von Giftflasche //
Gold 750 // Keshiperlen // in Schachtel
Cranium Crown II // necklace //
2002 // glass from a poison bottel //
750 gold // Keshi perls //
in a box

Mondknoten-Kette // Halsschmuck // 11. August 1999 // 11.30 Uhr // Tag der totalen Sonnenfinsternis in Richterswil am Zürichsee // Gold 750, Stahl, Farbe Privatsammlung, Schweiz Moon Knot Chain // necklace // 11 August 1999 // 11:30am // day of the total solar eclipse in Richterswil on the Lake of Zurich // 750 gold, steel, paint Private collection, Switzerland

Die Anzahl der Kettenglieder entspricht den Tagen des Mondjahres. *The number of links corresponds to the days of the lunar year.*

Lupenunrein // Brosche // 2000 // Brillanten in Weißgoldfassungen an Sicherheitsnadeln Flawed // brooch // 2000 // diamonds set in white gold on safety pins

Das Objekt ist das Produkt einer Diamantentransplantation von einem klassisch-spießigen Juwelenring auf zwei unterschiedliche Sicherheitsnadeln. Mit einer 0,2 mm-Säge wurde der Ring seziert und in seine Bestandteile zerlegt. Die Diamanten in ihren abgetrennten Weißgoldfassungen habe ich anschließend an die Sicherheitsnadeln gelötet, wo sie einen ziemlich befremdlichen Eindruck hinterlassen. Die beiden Nadeln sind an einem Stoffband tragbar oder direkt als Gewandnadeln montierbar.

Das Stück ist das Ergebnis eines sehr spontanen Einfalls, der von Neugier getrieben schnellstmöglich realisiert werden wollte, bevor die Lust dazu verpufft ist, und nicht das Produkt eines intellektuell ausgeheckten Konzepts. Deshalb habe ich es auch versäumt, den Vorgang z.B. fotografisch zu dokumentieren, was an sich interessant hätte sein können, mir aber erst beim Schreiben dieser Zeilen bewusst wurde. *The object is the product of transplanting diamonds from a classic, petty bourgeois gem-set ring to two different safety pins. The ring was sawn open with a .2-mm saw and dissected into its elements. Then I soldered the diamonds, still in their settings, which had been cut off the ring, on to the safety pins, where they create quite an alienation effect. The two pins can be worn on a cloth band or be pinned directly on to clothing. The piece is the result of an entirely spontaneous flash of inspiration, which, driven by curiosity, I had to carry out as quickly as possible before losing the desire to do so and is not the product of a concept thought out beforehand. Consequently, I failed to document the process, for instance, in photographs, which might have been interesting in themselves, but I only realized this while writing these lines.*

Schlüssel-Kette // Armschmuck // 2002 // Eisenschlüssel, Vorhängeschlösschen Key Chain, bracelet, 2002, old steel keys, little padlock

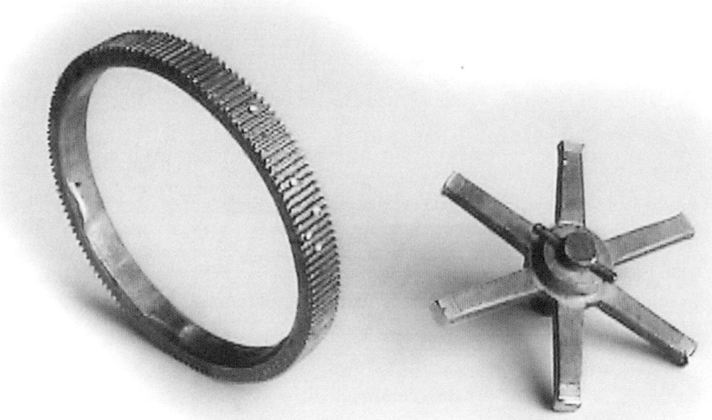

Zahnrad // Armreif //
2000 // Maschinenbronze, 11 Brillanten
Ratchet-Wheel // bangle // 2000 // machine-milled
bronze, 11 diamonds

Das Objekt zeigt die Idee eines symbolischen Sabotageaktes. Mittels einer Laubsäge wurde der Zahnkranz eines Zahnrads von den Speichen getrennt. An Stelle von „Sand im Getriebe" (des Kommerzes) sind kleine Brillanten zwischen den Zahnstegen eingepasst. Jede Anstrengung gegen die Vereinnahmung durch die Ideenverwerter der Industrie erweist sich als ein Kampf gegen Windmühlen. Die Marketingstrategen des Profits haben es letztlich noch immer verstanden, das erfinderische Potenzial der Kunst für ihre Interessen auszunutzen. *The object illustrates the idea of a symbolic act of sabotage. By means of a fretsaw, the milled rim of a ratchet-wheel was separated from the spokes. Instead of 'sand in the gears' (of commerce), little diamonds have been fitted in between the bars of the teeth. Any attempt at foiling takeovers by industrial exploiters of ideas has turned out to be tilting at windmills. After all, profit-seeking marketing strategists have always known how to turn the inventive potential of art to their own advantage.*

Allianz-Ring //
dreiteiliger Ring // 1998 //
Weißgold 750, Brillanten, Stahl,
Messing verchromt Alliance Ring //
tripartite ring // 1998 // 750 white gold,
diamonds, steel,
chromium-plated brass

Petflasche mit Deckel verewigt // 2 Ringe // Gold 750, Silber 925, Email Sammlung Sonja & Christian Graber, Schweiz Seal-Lock Bottle with Top Immortalised // 2 rings // 750 gold, 925 silver, enamel Sonja & Christian Graber Collection, Switzerland

Dosendeckel // Armreif // 2001 // Gold 750, Email // Oberseite // Unterseite Jar Lid // bangle // 2001 // 750 gold, enamel // outside // inside

Der Deckel einer Plastikbüchse oder eher Dose – oder nennt man das Becher? Die Innenseite ist vom Inhalt verklebt, im vorliegenden Stück könnte es sich um Brombeerkonfitüre oder Blaubeerjoghurt handeln.

The lid of a plastic box or rather a jar – or do you call them beakers? The inside is gluey from the contents; in the present case it might be blackberry jam or blueberry yoghurt.

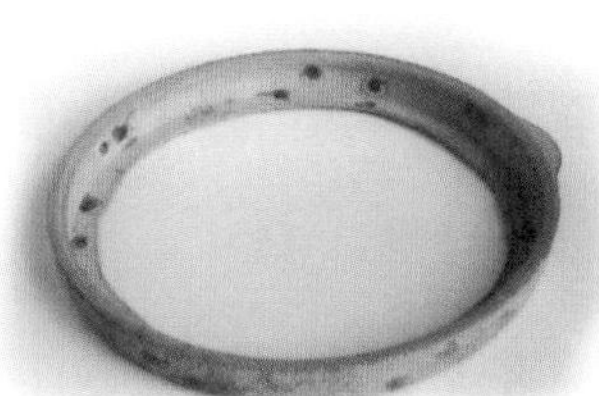

Öldeckelsolitär // Ring // 2000 // Gold 750, Brillant Privatsammlung, Deutschland Oil Bottle-Lid Solitaire // ring // 2000 // 750 gold, diamond Private collection, Germany

Eineck // Armreif // 2001 // Gold 750, Email Monoangle // bangle // 2001 // 750 gold, enamel

Katzenflohband // Armreif // 2001 // Gold 750, Email Cat Flea-Collar // bracelet // 2001 // 750 gold, enamel

Bei der Gartenarbeit kamen einige Flohhalsbänder zum Vorschein, die unsere Katzen oder die unserer Nachbarn im Laufe der Zeit verloren hatten. Die als dekorativ empfundene, mäanderartige Ornamentik hat jedoch nicht das Geringste mit einer Verzierung zu tun, vielmehr dient sie allein der Funktion: Das Band lässt sich in seiner Länge stark ausdehnen (und damit übrigens auch abstreifen, wodurch sich das Tier selbst befreien kann). Bei der in Gold abgegossenen Variante jedoch ist es gerade umgekehrt: Die Funktion wird völlig sinnlos und dient einzig dem dekorativen Effekt. *During garden work some flea-collars turned up which our cats or the neighbours' had lost at some time or other. The meander-like decoration, which has an ornamental look about it, has, however, nothing at all to do with decoration; instead it is solely functional: the collar can be considerably lengthened (and, therefore, easily pulled off so the animal can free itself). With the variant cast in gold, however, it is just the reverse: the function has become pointless and only serves a decorative purpose.*

Kabelbinder // Armreif // 1999 // Gold 750, Email
Cable Binder // bracelet // 1999 // 750 gold, enamel

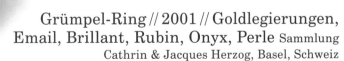

Grümpel-Ring // 2001 // Goldlegierungen, Email, Brillant, Rubin, Onyx, Perle **Sammlung Cathrin & Jacques Herzog, Basel, Schweiz**
Rubbish Ring // 2001 // gold alloys, enamel, diamond, ruby, onyx, pearl Cathrin & Jacques Herzog Collection, Basel, Switzerland

Knoten in Verpackungsband // Armschmuck // 2000 // Gold 750, Email
Knots in Packaging Tape // bracelet // 2000 // 750 gold, enamel

Strandgut // Ring // 2002 // Gold 750 Flotsam and Jetsam // ring // 2002 // 750 gold

Flechtfragment // Armreif // 1998 // Silber 925, Email Sammlung Cathrin & Jacques Herzog, Basel Scrap of Basket-Work // bangle // 1998 // 925 silver, enamel Cathrin & Jacques Herzog Collection, Basel, Switzerland

Wassertropfen am Ende einer Wäscheleine // Armspange // 2000 // Gold 750, Weißgold, Brillant Drop of Water at the End of a Clothes-Line // adjustable bangle // 2000 // 750 gold, white gold, diamond

Rotkäppchen // Ring // 1998 // Bierflaschenverschluss, Porzellan, Gummi, Gold 750, Brillanten
Privatsammlung, Düsseldorf, Deutschland
Little Red Riding Hood // ring // 1998 // beer-bottle top, china, rubber, 750 gold, diamonds Private collection, Düsseldorf, Germany

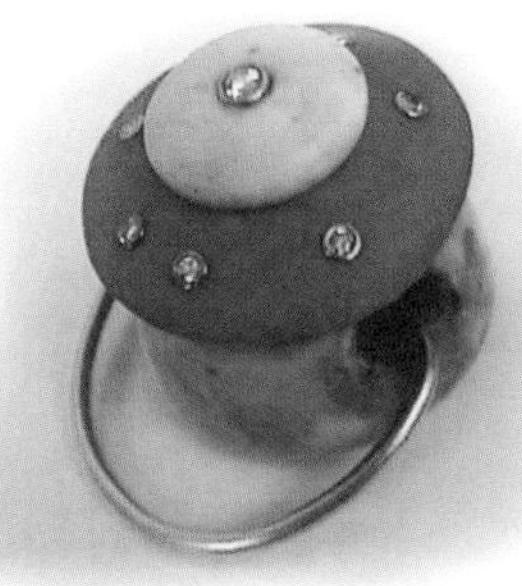

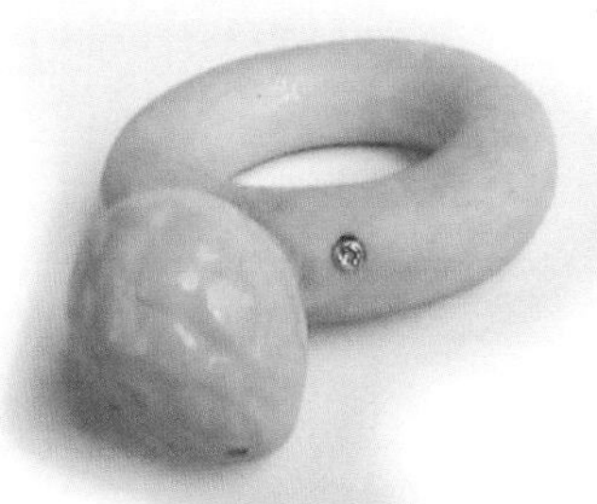

Frucht mit Tautropfen // Ring // 2002 // Porzellan, Silber, Brillant Fruit with Dew Drop // ring // 2002 // porcelain, silver, diamond

Gordischer Knoten und Endlosband // Ring // Halsschmuck // Anhänger // 2000 // Baumwollband, Silber, sulfiert
Privatsammlung, Schweiz Gordian Knot and Endless Tape // ring // necklace // pendant // 2000 // cotton tape, silver, sulphured
Private collection, Switzerland

Eislöffel // Armschmuck // 1998 // Silber 925, Email // Oberseite // Unterseite Ice-Cream Spoons // arm jewellery // 1998 // 925 silver, enamel // front // back

Time Out // Ring // 2002 // Swatch-Gehäuse, Email, Brillant, 2 Federstege // Oberseite // Unterseite Sammlung Hiko Mizuno College of Jewelry, Tokio, Japan Time Out // ring // 2002 // Swatch case, enamel, diamond, 2 spring bars, top // underside Hiko Mizuno College of Jewelry collection, Tokyo, Japan

Ringheft-Armreif // 1998 // Silber 925, Email Ring-Binder Bangle // 1998 // silver 925, enamel

Pneuma-Ring // 2001 // Kobalt // Email, Gold 750, Diamant Pneuma Ring // 2001 // cobaltite, enamel, 750 gold, diamond

Der gemeinsame Nenner dieser Arbeit hat, wenn man so will, mit Luft zu tun. Der Zapfen einer Luftmatratze ist über einen kleinen Schlauch mit der Düse einer Spraydose verbunden. In der Düsenöffnung selbst glänzt ein „letzter Tropfen“ der ausgeblasenen Flüssigkeit. *The common denominator of this work has to do with air if you want to put it that way. The plug of an air mattress is linked via a small tube with the nozzle of a spray can. In the nozzle aperture itself glints the 'last drop' of the fluid which has been sprayed out.*

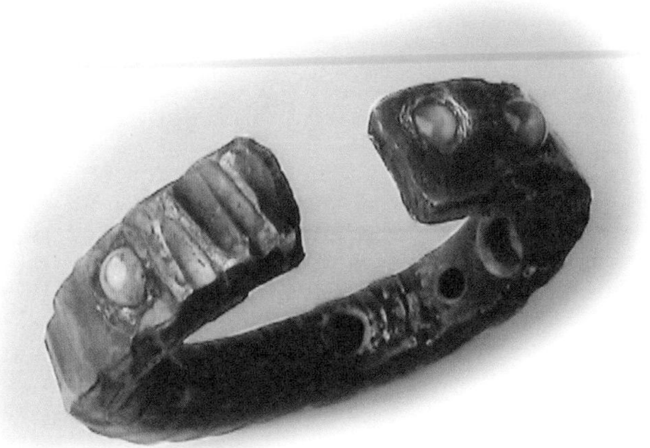

Geschmiedete Spange // Armreif // geschmiedet 1997 // Steine gefasst 2000 // Eisenbetonstahl, Sternrubin, Sternsaphir, Diamantcabochons, Turmalin Forged Bangle // bangle // forged in 1997 // stones set in 2000 // steel from reinforced concrete, star ruby, star sapphire, cabochon diamonds, tourmaline

Ring // 1998 // Gold 22 Karat, Granate Sammlung Cathrin & Jacques Herzog, Basel, Schweiz Ring // 1998 // 22 ct gold, garnets Cathrin & Jacques Herzog Collection, Basel, Switzerland

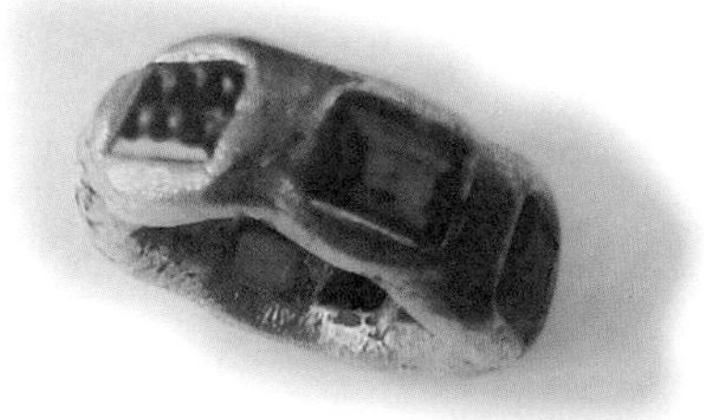

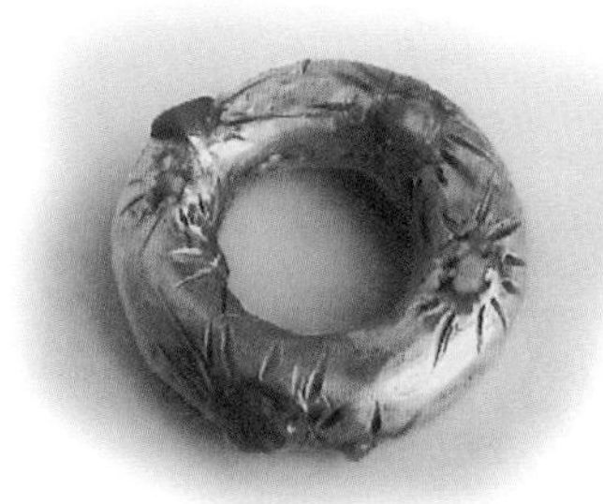

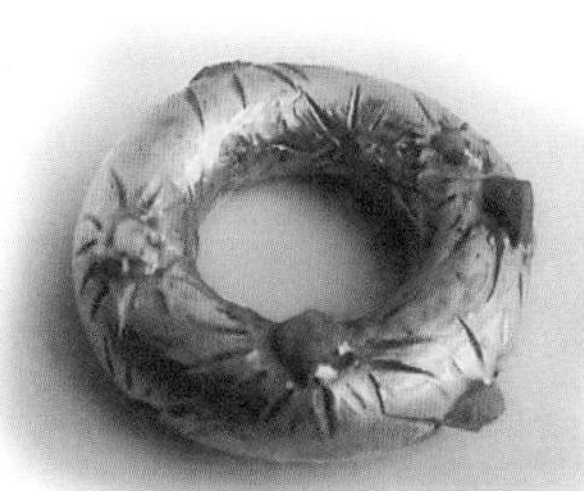

Ring // 1998 // Gold 22 Karat, Rohdiamanten, Granate Sammlung Sophie Lachaert, Belgien Ring // 1998 // 22 ct gold, rough diamonds, garnets Sophie Lachaert Collection, Belgium

Diese Ringe, einer mit Rohdiamanten, der andere mit Granaten, sind das Ergebnis eines Versuchs, Steine direkt in Gold einzugießen und so zu fixieren. Ein gewagtes Experiment, wenn man bedenkt, welche Temperaturen die Steine auszuhalten haben, insbesondere durch einen möglichen Schock auf Grund eines zu großen Temperaturunterschieds beim plötzlichen Einschießen des flüssigen Goldes in die ebenfalls erhitzte Hohlform. Diamanten wie Granate wurden in ein Gussmodell aus Bienenwachs modelliert. Beim Guss des Diamantenrings hat sich einer der Kristalle wahrscheinlich durch die Dynamik des schweren Metalls aus seiner Verankerung gelöst, ist untergetaucht und bleibt, nunmehr vollkommen von Gold umschlossen. Unsichtbar als elfter Stein verborgen, ist er vielleicht nur noch nachweisbar mittels Röntgenstrahlen. *These rings, one with rough diamonds, the other with garnets, are the result of an attempt to pour stones directly into gold and thus fix them firmly. A risky experiment when you think what temperatures the stones have to withstand, especially through a possible shock due to too great differences in temperature when the liquid gold is suddenly shot into the mould, which is also heated. The diamonds and the garnets were modelled in a beeswax casting model. When the diamond ring was being cast, one of the crystals became loose from its setting, probably through the dynamics of the heavy metal, submerged and now remains entirely immersed in gold. Invisible, concealed as the eleventh stone, it can now probably only be traced by X-rays.*

Ring // 1998 // Gold 22 Karat, Granate Privatsammlung
Ring // 1998 // 22 ct gold, garnets Private collection

Vogelkopf-Spange // Armspange // 2000 // Stahl, Malachit, Silber, Gold, Achat, Koralle Privatsammlung, Deutschland Bird's-Head Bangle // adjustable bangle // 2000 // steel, malachite, silver, gold, agate, coral Private collection, Germany

Roboter // Anhänger // 2002 // Gold 750, Seide, Eisen verzinnt, Diamant, Rubin, Saphir, Smaragd, Hämatit Robot // pendant // 2002 // 750 gold, silk, galvanised steel, diamond, ruby, sapphire, emerald, haematite

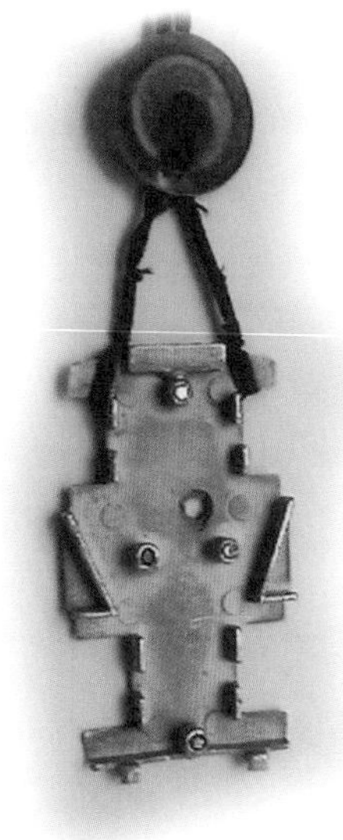

Mehr als Schmuck
More than Jewellery

Ellen Maurer-Zilioli

Wer Post von Bernhard Schobinger erhält, sollte diese aufbewahren. Denn: Es geht ihm um deutliche Botschaften – zum Beispiel zur ästhetischen Verarmung unserer Welt. Briefe, Karten, Kartons, Prospekte, Gebrauchsgrafik unterschiedlichsten Ursprungs vernetzen sich zu einem beziehungsreichen Gefüge, einer Assemblage, die wiederum zum Spiegel seiner gedanklichen Verknüpfungen gerät und daher auch einiges über die künstlerische Strategie Schobingers verraten kann.
Anyone receiving something by post from Bernhard Schobinger is well advised to keep it. He is concerned with clear messages – for instance, on the aesthetic impoverishment of our world. Letters, cards, cartons, prospectuses, commercial art of multifarious provenance all mesh to form a rich fabric of references, an assemblage which in turn becomes a mirror of the nexus of his thoughts and can, therefore, reveal something of Schobinger's artistic strategy.

Der Pappdeckel einer Packung tiefgefrorener Himbeeren erhält bei einem solchen Vorgang etwa folgenden Text: „Rote Himbeeren sind Rot / Schwitters Fliegen haben kurze Beine + über allen Gipfeln ist Ruh! Beste Wünsche zum 3. Jahrtausend Bernheart". Ein andermal besteht die Sendung aus eng beschriebenen Seiten eines Versandkataloges der Schmuckindustrie. Von den Illustrationen sind allerdings nur noch Fragmente sichtbar. Über sie legen sich die regelmäßigen Buchstaben des Autors wie ein flächendeckendes Muster von höchster Intensität – als Negation des schlechten Geschmacks.
Einer eigenen Publikation von 1996 stellte Schobinger Ausschnitte aus seinem Aufsatzheft der 6. Klasse mit dem Bekenntnis voran: „Ich habe

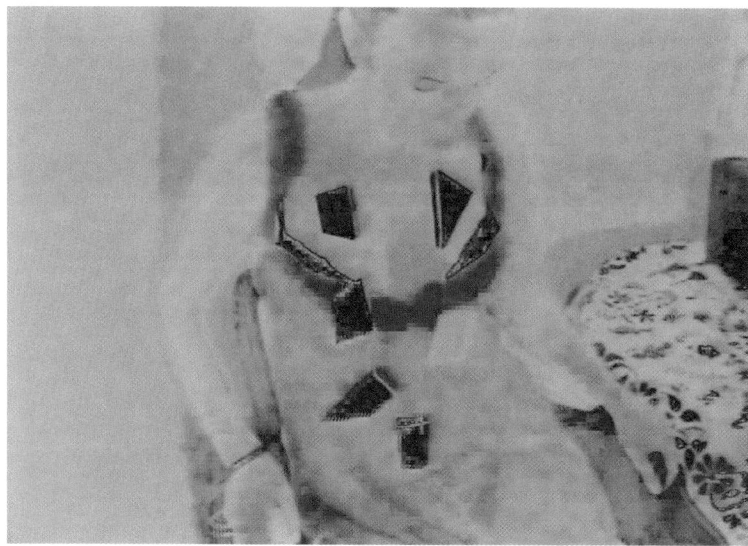

ANNELIES ŠTRBA
Sonja mit Halskette, 2003 (Schmuck: Onyx, Gold 750, Nylon, 1986) Sonja wearing a necklace, 2003 (Schmuck: Onyx, 750 gold, nylon, 1986)

A text as follows may be added to the cardboard lid on a packet of frozen raspberries: 'Red raspberries are red / Schwitters' flies have short legs + over all peaks is peace! Best Wishes for the 3rd millennium Bernheart.' Another consignment may consist in the closely written pages of a mail-order catalogue issued by the jewellery industry. Only scraps of the illustrations are visible. They are overlaid by the regular letters from the author's hand like an endlessly repeating pattern of the highest density – as a negation of bad taste.
Schobinger prefaced one of his own books in 1996 with excerpts from the copybook he had used for essay writing in the 6th class containing the admission: 'I delight in stones; that is why I would like to become a goldsmith.' Schobinger became a jewellery artist. He also, however, became an accurate observer, a curious collector of materials and objects. One might almost feel inclined to call him – in the Dadaist sense – a 'monteur'

grosse Freude an den Steinen; darum würde ich gerne Goldschmied werden." So fing also alles an.
Schobinger wurde Schmuckkünstler. Aber er wurde auch ein genauer Beobachter, ein neugieriger Sammler von Materialien und Gegenständen. Man könnte fast dazu neigen, ihn – im dadaistischen Sinne – einen „Monteur" zu nennen, denn er kombiniert seine Fundstücke zu neuen Formeinheiten und ergänzt sie häufig mit sehr ernsten oder geradezu absurden Titeln.

> *„Unser Kopf ist rund, damit das Denken die Richtung wechseln kann."* (Francis Picabia)

Dass ein Umdenken im Verständnis von künstlerischem Schmuck notwendig ist, das hat uns das nun mehrere Jahrzehnte umgreifende Œuvre von Bernhard Schobinger demonstriert und gelehrt: Es ist seine zentrale Botschaft.
In Zürich begann Bernhard Schobinger Anfang der sechziger Jahre mit dem Studium an der Kunstgewerbeschule. Es herrschte ein Klima der Rebellion und des Widerspruchs. Nicht zufällig wurde in jener Zeit die frühe Avantgarde-Bewegung des Dadaismus mit ihrer Wiege in Zürich wieder entdeckt und erfuhr eine lebendige, internationale Diskussion. All dies könnte sozusagen den „Fond", den geistigen Hintergrund für den jungen Goldschmied gebildet haben. Die dadaistischen Textcollagen und

since he recombines his *objets trouvés* to make new formal unities, often adding either very serious or even absurd titles.

> *'Our heads are round so our thinking can change direction.'* (Francis Picabia)

That a change in thinking about what art jewellery is and should be is necessary has been demonstrated and taught for decades by Bernhard Schobinger's pervasive œuvre: it is his/its main message.
Bernhard Schobinger began to study at the Zurich Kunstgewerbeschule [School for the Applied Arts] in the early 1960s. The prevailing climate was one of rebellion and confrontation. It was not a coincidence that the early avant-garde movement Dada, which had originated in Zurich, was rediscovered at that time and became the subject of a lively international discourse.
All this may have constituted the 'ground', the intellectual background for this young goldsmith. Fortified with Dadaist text collages and witty puns and plays on words, Surrealist ideas of design and inventions in jewellery – for instance, by Meret Oppenheim, Man Ray, Alberto Giacometti,

gewitzten Wortspielereien, die surrealistischen Gestaltungsideen und Schmuckerfindungen – zum Beispiel von Meret Oppenheim, Man Ray, Alberto Giacometti, Jean Arp und anderen –, die streng funktionale Ästhetik eines Max Bill im Rücken, musste sein Weg fast zwangsläufig in eine Richtung führen, die diese Wurzeln zwar nicht gänzlich verleugnet, aber modifiziert. Eine Richtung, die jene Bestrebungen und Zielsetzungen forciert, vorantreibt und radikalisiert und – im Sinne einer Erneuerung und künstlerischen Emanzipation von Schmuck – weit weg von vertrauten und verbrauchten Konventionen führt.

Die Antworten Schobingers: „Büchsenöffner-Armband“ (1977), „Nur sauber gekämmt sind wir wirklich frei“ (Halsschmuck, 1983), „Blitzableiter-Kette“ (1986), „Holzkohlenkette mit Fundobjekt“ (1986), „Flaschenhalskette“ (1988), „Wutobjekt“ (1992), „Sägenkreuz“ (1988), „Sägenpizza“ (1989), „Hirnsäge“ (1986). Eine äußerst fruchtbare Zusammenarbeit mit dem Solothurner Objektkünstler Franz Eggenschwiler animierte ihn zur Verwendung vollkommen schmuckfremder Materialien: Scher-

Jean Arp and others – as well as the stringently functional aesthetic of a Max Bill, he must almost inevitably have found his way towards a direction which did not entirely deny these roots yet modified them. A direction which forced those strivings and objectives, driving them forward and revolutionising them and – in the sense of a renewal and the artistic emancipation of jewellery – taking them far afield from familiar and trite conventions.

Schobinger's answers: 'Can-Opener bracelet' (1977); 'We are only really free when we are neatly combed' (neck jewellery, 1983); 'Lightning Rod Necklace' (1986); 'Charcoal Necklace with Found Object' (1986); 'Bottle-necklace' (1988); 'Rage Object' (1992); 'Saw Cross' (1988); 'Sawpizza' (1989); 'Brainsaw' (1986). An extremely productive collaboration with Franz Eggenschwiler, an object artist from Solothurn, inspired Schobinger to make use of materials that had nothing to do with jewellery: sherds of glass and pottery, nails, all sorts of rubbish, piano keys, screws, curtain rods and much more. Schobinger combines these seemingly worthless utensils and parts of utensils with precious metals and precious stones. However – like the Dadaists – Schobinger cultivates calculated coincidence rather than free fall.

For you – against you
Cast all stones behind you
And let the walls go ....

(Meret Oppenheim, 1934)[1]

Büchsenöffner-Armband
Can-Opener Bracelet
Seite Page **30**

Nur sauber gekämmt sind wir wirklich frei
We are only really free when we are neatly combed
Seite Page **92**

Blitzableiter-Kette
Lightning Rod Chain
Seite Page **95**

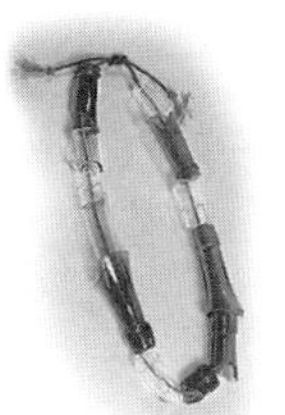

Flaschenhalskette
Bottlenecklace
Seite Page **115**

Sägenkreuz
Sawcross
Seite Page **103**

ben, Nägel, Abfälle jeglicher Art, Klaviertasten, Schrauben, Vorhangschienen und vieles mehr. Diese scheinbar wertlosen Utensilien kombiniert Schobinger mit Edelmetallen und -steinen. Aber – wie bei den Dadaisten – pflegt Schobinger den kalkulierten Zufall und keineswegs den freien Fall.

Für dich – wider dich
Wirf alle Steine hinter dich
Und laß die Wände los ....
(Meret Oppenheim, 1934)[1]

Vielleicht ist manchmal Magie im Spiel – oder besser Affinität – wenn es zur Begegnung mit den Dingen kommt, wenn ihre Selektion erfolgt. Schobinger sucht nicht seine Beute, sondern sie stößt auf den Jäger und zieht ihn in ihren Bann.
In der Schublade eines alten Schreibtisches finden sich Farbstifte aus der Kindheit, die zu einem Collier verarbeitet werden. Abgebrochene Flaschenhälse aus der überwachsenen Mülldeponie eines ehemaligen Luxushotels im Tessin fungieren schließlich als Glieder einer Halskette. Vom Fuße des Fuji in Japan stammt eine grüne Glasscherbe, vom Themse-Ufer das Knäuel eines Schokoladenpapiers aus Alu. Beide flossen in die subtile, poetische Schmuckgestaltung Bernhard Schobingers ein, als sei dieser Platz für sie von Anfang an bestimmt gewesen. Das Ergebnis: Objekte von oft bizarrer, archaischer, symbolischer und zeichenhafter Ausstrahlungskraft. Jedes Fundstück erfährt dabei eine tiefgreifende Wandlung, wird einer fundamentalen Metamorphose unterzogen. Darin kulminiert letztendlich seine Schmuckkunst: Ihr Anliegen ist die Schaf-

There may be magic in this sometimes – or rather affinity – when it comes to encountering things and selecting them. Schobinger does not seek his prey; it encounters the hunter and captivates him. In a drawer of an old desk there are coloured pencils from his childhood, which have been turned into a necklace. Broken-off bottlenecks from the overgrown rubbish tip of what was once a luxury hotel in Ticino ultimately function as the links of a necklace. A sherd of green glass is from the foot of Mount Fuji in Japan. A chocolate wrapper of aluminium foil crumpled into a ball was found on the banks of the Thames. Both flowed into Bernard Schobinger's subtle, poetic jewellery designs as if this were the place allocated to them from the beginning. The result: objects of often bizarre, archaic, symbolic and sign-like radiance and power. Each found object has undergone a profound transformation in the process, has been subjected to a basic metamorphosis, ultimately culminating in his art of jewellery. It is

fung überraschender, ungewohnter, grenzüberschreitender und vielleicht sogar „heilsamer" Verknüpfungen von Elementen dieses Universums.

> *... Keine Abhängigkeit von Buchstaben und Wörtern,*
> *Unmittelbar auf den Geist in einem jeden von uns zielend ...*
> (Gatha, Heilige Grundsätze der Zen-Lehre)

Hinter Schobingers Auffassung von Schmuck steht eine ganz bestimmte Weltanschauung, die zu rekonstruieren vermessen wäre. Aber einiges hat der Künstler im Laufe der Jahre verraten und uns so auf die Spur seiner Gedankengänge gebracht. Lange Zeit hat er sich mit dem Zen-Buddhismus beschäftigt, mit Wissenschaftstheorie und Philosophie. Schobinger hat sich seiner Vorgehensweise versichert und für seine künstlerische Methode eine Grundlage gewonnen, die ihm größtmögliche Freiheit gewährt. Tatsächlich steht genau diese Überlegung im Vordergrund: Überwindung von Formzwängen, von kategorischen Definitionen und überkommenen Traditionen. Die Schriften von Paul Feyerabend haben dazu beigetragen; er schreibt: „Es ist also klar, dass der Gedanke einer festgelegten Methode oder einer feststehenden Theorie der Vernünftigkeit auf einer allzu naiven Anschauung vom Menschen und seinen sozialen Verhältnissen beruht."[2]

concerned with the creation of surprising, unusual and perhaps even 'wholesome' linkages of elements from this universe in a way that crosses boundaries.

> *... No dependence on letters and words,*
> *Immediately aiming at the spirit in each of us ...*
> (Gatha, sacred tenets of Zen teaching)

Underlying Schobinger's conception of jewellery is a particularly distinctive world-view, which it would be arrogant to attempt to reconstruct. However, the artist has revealed something of it over the years and has thus enabled us to pick up the trail of his thinking. For a long time he studied Zen Buddhism as well as epistemology and philosophy. Schobinger is sure of how he approaches his work and has laid the groundwork for a creative method which grants him as much freedom as possible. In fact the following consideration is utmost in his thinking: overcoming the constraints of form, categorical definitions and outmoded traditions. Paul Feyerabend's writings have contributed to his thinking. He writes: 'It is, therefore, clear that the thought of an established method or an established theory rests on an all too naive view of the human being and his social environment.'[2]

Demnach führt gerade der Verstoß gegen feste Regeln dazu, dass sich etwas in Gang setzt, in Bewegung gerät und wahre Kreativität ermöglicht. Leere Gesetzmäßigkeiten, sinnlose Formkonventionen sind damit abgeschafft, einfache, frische, ungewöhnliche Lösungen dagegen gefordert: Eine Art ästhetischer Anarchismus durch und mittels Fantasie, Flexibilität, Sensibilität, Offenheit, Intuition und Spontaneität zur Stärkung der künstlerischen Ausdruckskraft – eigentlich die entscheidenden Prämissen der Kunst im 20. und 21. Jahrhundert.

Dafür ist der Schmuck Bernhard Schobingers bekannt geworden. Seine Kunst basiert auf Pluralismus und zeugt von einem hohen Einfühlungsvermögen in Wirkung, Koexistenz und Geometrie der verwendeten Stoffe. In nunmehr vierzig Jahren ist ein umfangreiches Werk gewachsen, dessen Bestandteile vom Nutzer oder Betrachter eine ebenso große Aufmerksamkeit und Konzentration verlangen wie sie ihnen von ihrem Entwerfer bei der Entstehung zuteil wurden.

[1] Oppenheim, Meret, Husch, husch, der schönste Vokal entleert sich. Gedichte, Zeichnungen, hg. von Christiane Meyer-Thoss, Frankfurt am Main 1984, S. 31.

[2] Feyerabend, Paul, Wider den Methodenzwang, Frankfurt am Main 1986, S. 31.

According to this line of reasoning, infringing established rules leads to something getting going, being set in motion, and makes real creativity possible. Meaningless laws, pointless formal conventions are thus abolished; simple, fresh, unusual solutions are, on the other hand, promoted. This is a sort of aesthetic anarchy, through and by means of imagination, flexibility, sensitivity, open-mindedness, intuitiveness and spontaneity to strengthen artistic powers of expression – in fact the fundamental premises on which art rested and is resting in the 20th and 21st centuries.

Bernhard Schobinger's jewellery has become famous for just this. Based as it is on pluralism, his art attests to his deep empathy with the effect, co-existence and geometry of the materials he uses. Forty years of work have resulted in a comprehensive œuvre. Its constituents exact the same degree of attention and focused concentration of the user or viewer that was lavished on them by their designer while creating them.

[1] Oppenheim, Meret, Husch, husch, der schönste Vokal entleert sich. Gedichte, Zeichnungen, ed. Christiane Meyer-Thoss, Frankfurt am Main 1984, p. 31.

[2] Feyerabend, Paul, Wider den Methodenzwang, Frankfurt am Main 1986, p. 31.

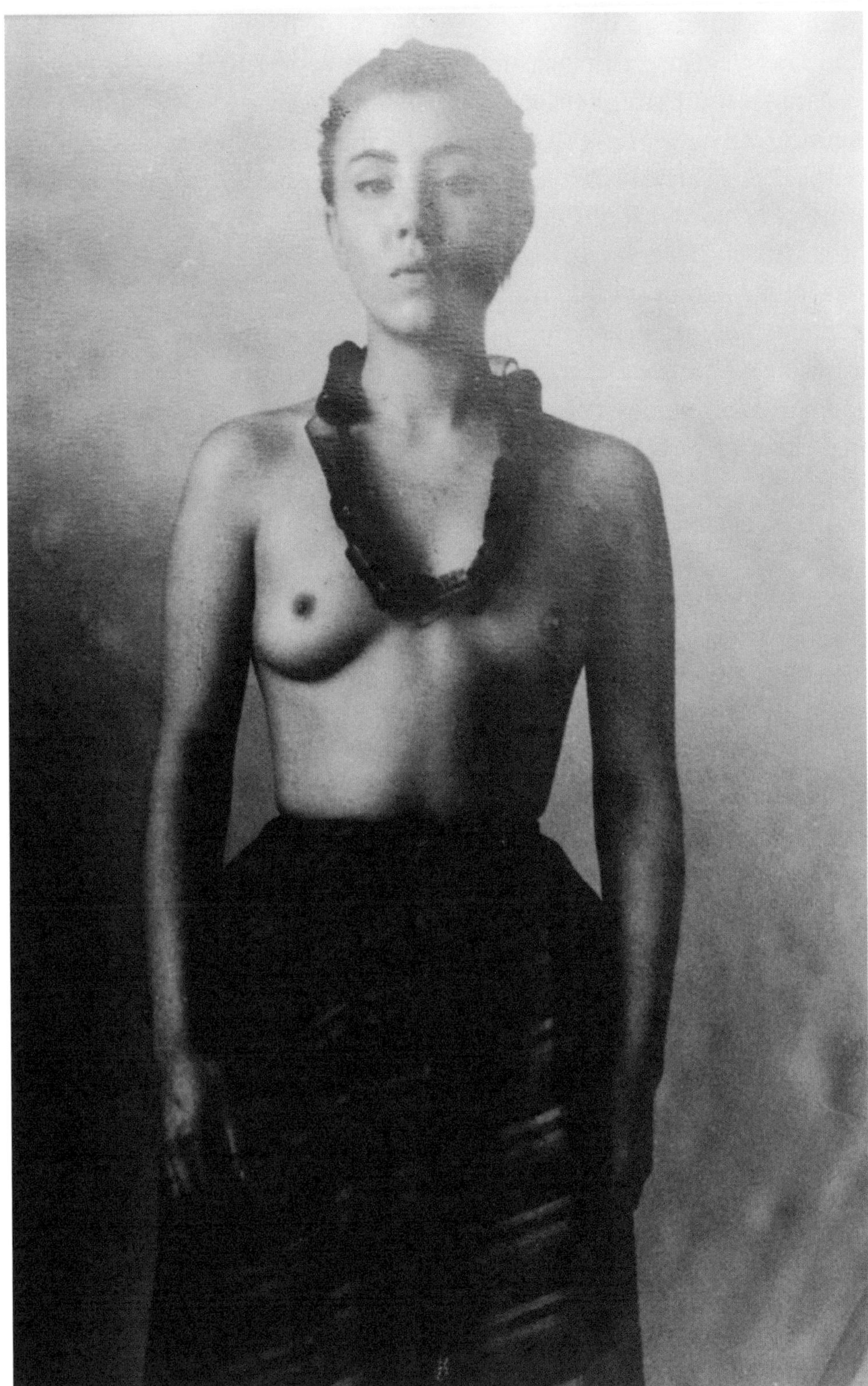

ANNELIES ŠTRBA
Sonja mit „Flaschenhalskette", 1988, Fotografie auf Fotoleinwand, 110 x 140 cm, Die Neue Sammlung, Pinakothek der Moderne, München (Schmuck: Glas, Baumwollschnur, 1988, Schmucksammlung Danner-Stiftung, Pinakothek der Moderne, München) Sonja with 'Bottlenecklace', 1988, Photograph on canvas, 110 x 140 cm, Die Neue Sammlung, Pinakothek der Moderne, Munich (Jewellery: Broken-off bottlenecks, cord, 1988, Schmucksammlung Danner-Stiftung, Pinakothek der Moderne, Munich)

Fortgesetzte Geschichten: Zu Bernhard Schobingers Kunst
The Stories Go On: On Bernhard Schobinger's Art

Peter Egli

Suchen? Nein, finden. Was? Unnützes, Abgenütztes, Ausgebrauchtes, Zerstörtes, Versehrtes, Überreste von Gefährtinnen und Gefährten unseres Alltags: Flaschenhälse, Sägeklingen, Spitzen von Blitzableitern – um nur die Seltsamsten zu nennen –, Bruchstücke von Dingen, die die Welt mit uns teilten. Dinge, die mal neu waren, stolz, glänzend, nützlich, und jetzt – verloren, verbraucht, zerbrochen, unnütz geworden sind, wertloser Abfall.

Was gibt ihnen ihre Bedeutung? Die Form, die Farbe, das Material, ihre Skurrilität? Oder ist es auch ihre Geschichte? Denn die Dinge haben mit uns zusammen gelebt, haben Tage, Momente und Jahre mit uns geteilt, dienten uns, luden sich auf im Gebrauch, erfuhren Hinwendung und Nichtbeachtung und schließlich Abtrennung, als sie aus der Menschenwelt hinausgeworfen wurden.

Jedes der Dinge hat seine Geschichte. Und aus und mit diesen Geschichten macht Bernhard Schobinger Schmuck, tragbare Kunst.

Looking for something? No, finding it. What? Useless, worn out, used up, destroyed, damaged, relics of people and objects that have accompanied us on our daily round: bottlenecks, saw blades, the tips of lightning rods – to mention just the oddest –, bits and pieces of things which used to share our world. Things which were once new, proud, shiny, useful and have now – lost, used, broken, useless as they are – become worthless rubbish.

What gives them meaning? Form, colour, material, their grotesque strangeness? Or is it their history as well? For these things have lived with us, have shared our days, months and years, have served us, were charged in use, were cherished and disregarded and finally discarded as if cast out of the human world.

Each of these things has a history, a story of its own. And Bernhard Schobinger makes jewellery, wearable art, from and with these stories.

We so often forget what 'fall to our lot' means: something happens to fall

Wir vergessen zu oft, was „zufallen“ bedeutet: etwas fällt uns zu, ergibt ein Zusammentreffen, löst etwas aus. Allerdings braucht es das Auge des Künstlers, in den zufälligen Dingen das zu erkennen, was zu ihrer Verwandlung in ihnen angelegt ist. Es geht aber weit über das Formale hinaus, wenn er das Gewindestück eines Wasserrohrs absägt, ein Stück Arbeit, an dem seinerzeit ein Spengler drehte, und gewissermaßen dessen Arbeit fortsetzt, indem er zum wertlosen Abfall das für uns Kostbare hinzufügt: edle Steine, edle Metalle. Hinzufügt aus Verehrung, zur Erhöhung, zur Verwandlung? Wir wissen es nicht.
Aber er holt das Verlorene, das Weggeworfene wieder in die Menschenwelt herein, setzt die Geschichte des Dinges fort, knüpft eine Fortsetzung daran und bindet im gleichen Zug einen Menschen, der es tragen wird, in die Geschichte mit ein.
Liegt deshalb diese Versöhnlichkeit, Versunkenheit in den Bildern, die Annelies Štrba von Trägerinnen dieses Schmucks aufnahm? Sie erinnern an Bilder, die vor hundert, zweihundert Jahren auf anderen Kontinenten aufgenommen wurden, bei fremden Völkern, denen Schmuck als Bindung an die Welt des Unbelebten – aber nicht Seelenlosen – so selbstverständlich war, dass Schmuck und Mensch zum unteilbaren Ganzen wurden.
Genau das aber müssen wir wieder lernen, dass Schmuck nicht tot ist, sondern uns verbindet, hier durch diese Dinge ohne Wert, diese Relikte des Fleißes, der Geschicklichkeit und der Sorgfalt längst Entschwundener, mit unserer Vergangenheit, und dort, wo ein Klümpchen eines vom Himmel gefallenen Meteors zum Schmuck wird, mit dem Unvorstellbaren außerhalb unserer Welt.

into our hands, causes a chance meeting, sparks something off. However, it takes the artist's eye to recognize what mutability is inherent in such coincidental things. But this goes far beyond the formal aspect, when he saws off the nipple from a water pipe which a plumber once turned and in a certain sense he is continuing that man's work by adding something we consider precious to what has become worthless detritus: precious stones, precious metals. Added in reverence, to heighten, to transform? We don't know.
But he drags what has been lost or thrown away back into the human world, continues the history/story of the thing, adds a sequel to it and, at a stroke, thus ties a person who will wear it into the story.
Is this why the pictures Annelies Štrba has taken of the women wearing this jewellery are so conciliatory, so dreamily lost in thought? They recall pictures taken a century or two ago on other continents, among exotic

peoples, to whom jewellery was so entirely a matter of course as a link with the inanimate – but not soulless – world that jewellery and person became an indissoluble entity.
That is just what we must learn again, that jewellery is not dead but rather links us, here, through these things without value, these relics of hard work, skill and painstaking care lavished on them by those long vanished with our own past and, where a lump of meteorite that has fallen from the sky becomes jewellery, with the unimaginable outside our world.

Ban Chiang-Kette I // Halsschmuck // 2002 // Halskette der Ban Chiang-Kultur, Glas (Thailand, 1. Jahrtausend v. Chr.), Kabelbinder, Gold 750, Nylon

Ban Chiang String I // necklace // 2002 // necklace from the Ban Chiang Culture, glass (Thailand, 1st millennium BC), cable binder, 750 gold, nylon

Ban Chiang ist eine bis heute sehr wenig erforschte neolithische Kultur im Gebiet des heutigen Thailand. Die durch Erdfunde belegten Objekte werden von der Archäologie als menschheitsgeschichtlich sehr früh eingestuft und mit denen des Zweistromlandes (Ur) gleichgesetzt, wenn sie nicht noch älter sind. Die Glasperlen und Bronzearmreifen, die ich aus einer Schweizer Privatsammlung erweben konnte, entsprechen genau der in der spärlichen Literatur dokumentierten Typologie. Anfang und Ende der Glasperlenschnur habe ich mit in Gold abgegossenen Plastikverschlüssen verbunden, wobei das Mittelteil unfreiwillig an eine mythische Fischdarstellung erinnert und somit nicht nur funktionell eine Verbindung zwischen Vergangenheit und Gegenwart herstellt.

Die fünf bronzenen Armreifen mit ihrer Alterspatina bilden einen eigenartigen Kontrast zu den neuzeitlichen, in Gold abgegossenen Kabelbinderteilen, die – man kennt das Bild aus Grabungsfunden – genauso unversehrt neben zerfallenen Knochen gelegen haben könnten. Die Kabelbinder, die normalerweise Bündel und Stränge zusammenfassen und heute in jedem Haushalt Anwendung finden, verbinden im vorliegenden Fall die Jahrtausende. Zwei der Spangen besitzen je zwei Spitzen, was vermutlich auf Kampf schließen lässt. Der Gedanke an die Reifen und das Geheimnis der mit ihnen verflossenen Menschenleben hat für mich etwas Ungeheuerliches, ganz im Gegensatz zu der erheiternden Vorstellung, welche schier unlösbaren Schwierigkeiten die Datierung und welches Kopfzerbrechen die Zuordnung der fünf Armreifen in einem Halsschmuck zukünftigen Entdeckern und Archäologen in vielleicht wiederum 5000 Jahren bereiten werden. *Ban Chiang is a very scantily studied Neolithic culture from a settlement which has been little studied in what is now Thailand. The verified artefacts found in the soil have been classified by archaeologists as very early in history and equated in date with those of Mesopotamia (Ur); they may perhaps be even earlier. The glass beads and bronze hoop bangles which I managed to acquire from a Swiss private collection correspond exactly with the typology recorded in the sparse publications. I have linked the beginning and ending of the string of glass beads with plastic clasps cast in gold, thus involuntarily making the middle piece reminiscent of the representation of a mythical fish and, therefore, creating a link between the past and the present that is not merely functional.*

The five bronze hoop bangles with their ancient patina contrast strangely with the modern cable-binder elements cast in gold, which – one knows the picture from excavation finds – might just as easily have lain undamaged next to decomposing bones. The cable binders, which normally fasten bundles and strands and are nowadays used in all households, link the millennia in the present instance. Two of the bangles have two points each, which presumably indicates battle. Just thinking of these bracelets and the secret of the human lives long lost with them has something monstrous about it for me, just the opposite to the amusing idea of the sheer intractable problems and headaches dating and classifying the five hoops in a necklace will cause future discoverers and archaeologists in perhaps another 5000 years.

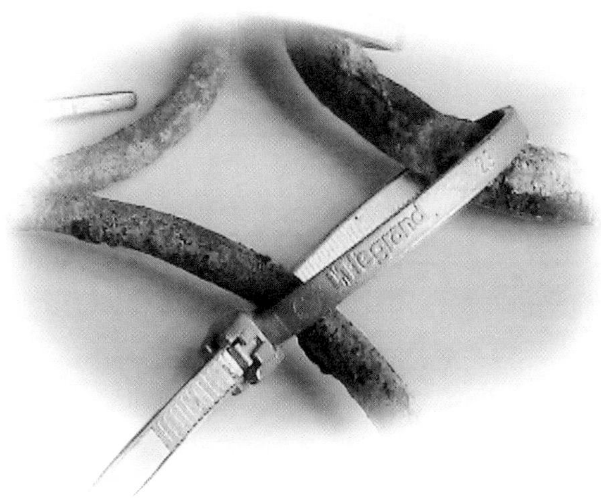

Ban Chiang-Kette II // Halsschmuck // 2002 //
Bronzearmreifen der Ban Chiang Kultur (Thailand, 1. Jahrtausend v. Chr.), Kabelbinder, Gold 750 Ban Chiang String II // necklace // 2002 // bronze bangle, Ban Chaing culture (Thailand, 1st millennium BC), cable binders, 750 gold

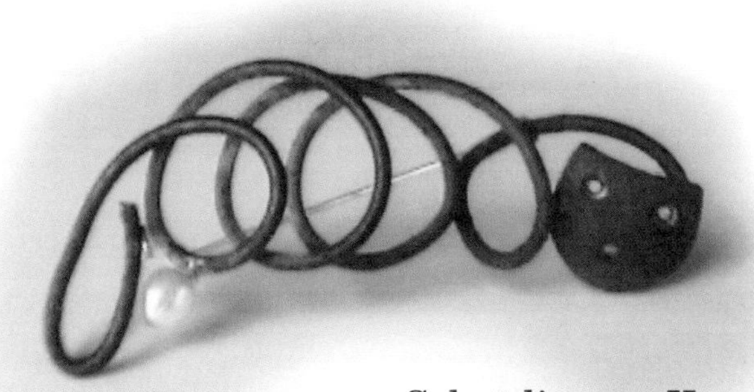

Schrödingers Katze // Brosche // 1997 // Stahl, Absatzeisen, Email, Süßwasserperle Schrödinger's Cat // brooch // 1997 // steel, steel heel-piece, enamel, freshwater pearl

Erwin Schrödinger (Wien 1887 – Wien 1961), Lehrstuhl für theoretische Physik 1920 in Zürich, Nobelpreis für Physik 1933.

Der österreichische Quantenphysiker Werner Schrödinger benutzte zur Darstellung des nach ihm benannten Theorems eine fiktive Versuchsanordnung, in der eine Katze in einer geschlossenen Kiste den physikalischen Bedingungen seiner Entdeckung unterworfen ist, welche mit der Doppelnatur der Elementarteilchen (Korpuskular- und Wellencharakter) zu tun hat. Das Experiment offenbart ein Paradox der Natur: Die Katze ist zugleich tot und lebendig.

In meiner Version von „Schrödingers Katze" erscheint zu deren eigener Verwunderung eine Perle an ihrem „Hinterausgang" als letzter Akt ihres seltsamen Lebens. Die Physiker unter den LeserInnen mögen mir die wissenschaftliche Unbeholfenheit verzeihen. *Erwin Schrödinger (Vienna 1887 – Vienna 1961), chair of theoretical physics 1920 in Zurich, Nobel Prize for physics 1933.*

To demonstrate the theorem named after him, the Austrian quantum physicist Werner Schrödinger used a fictive experimental arrangement, in which a cat in a closed chest is subjected to the physical conditions of its discovery, which has to to do with the dual nature of elementary particles (corpuscular and wave character). The experiment reveals a paradox in nature: the cat is at once dead and alive.

In my version of 'Schrödinger's Cat' a pearl appears, to its own surprise, at its 'posterior orifice' as the last act of its peculiar life. The ladies and gentlemen who are physicists among my readers will please pardon this scientific crudeness.

Schachtel zu Schrödingers Katze // 1997
Box for Schrödinger's Cat // 1997

Ein Hündchen wird gesucht ... // Anhänger // 1998 // Acrylglas, Gold 750, Weißgold 750, weiße und schwarze Diamanten Privatsammlung, Schweiz Seeking a Little Dog ..., pendant // 1998 // acrylic glass, 750 gold, 750 white gold, white and black diamonds Private collection, Switzerland

Der Werkstatt-Chef unserer Firma – dazumal führte sie noch die Bezeichnung „Bijouteriefabrikation" auf ihrem Briefkopf – war mein eigentlicher Lehrmeister in einer vom übrigen Betrieb separierten Werkstatt für Einzelanfertigungen. Er hatte, zu meinem großen Glück, durchaus Sinn für Humor, wenngleich ich seine Belastbarkeit manchmal bis zur Grenze ausreizte. Insgeheim aber bestand immer eine Art von unterschwelliger gegenseitiger Sympathie. Als ehemalige Lateiner der Klosterschule Einsiedeln (ich selbst war im Kollegium Maria Hilf in Schwyz) hatten wir in unserer gemeinsamen Internatserfahrung immer Gesprächsstoff, sei es in neuerer Geschichte, griechischer Mythologie, Musik oder bildender Kunst. Von Zeit zu Zeit gab er ein Verslein zum Besten, das ich mir merkte, und das, wie er behauptete, von Goethe stammte:

„Ein Hündchen wird gesucht,
das weder bellt noch beißt,
das zerbroch'ne Gläser frisst
und Diamanten ..."

Besagtes Hündchen wurde, wie man sieht, gefunden. Es sei meinem Lehrmeister gewidmet. *The foreman of the workshop at our firm – in those days long ago the letterhead still ran 'Bijouterie Makers' – was actually my instructor in a workshop for one-off pieces on commission which was separate from the rest of the business. He had, to my great good fortune, a good sense of humour although I sometimes overtaxed even his patience. Secretly, however, there was always a sort of subliminal mutual liking between us. As schoolboys we had attended higher secondary schools where both Latin and Greek were taught, he Einsiedeln Monastery School and I Maria Hilf College in Schwyz so we always had something to talk about – modern history, Greek mythology, music or art – from the experiences of boarding school we had both had. From time to time he would recite a little poem which I memorised, which, he claimed, was by Goethe:*

'Seeking a little dog,
that neither barks nor bites,
that broken glass eats
and diamonds ...'

Said little dog has, as you see, been found. Let it be dedicated to my instructor.

Schnecke mit Schleimspur // Brosche // 1998 // Elektrokabel, Weißgold, Brillanten Privatsammlung, Holland Snail with a Trail of Slime // brooch // 1998 // electrical flex, white gold, diamonds Private collection, The Netherlands

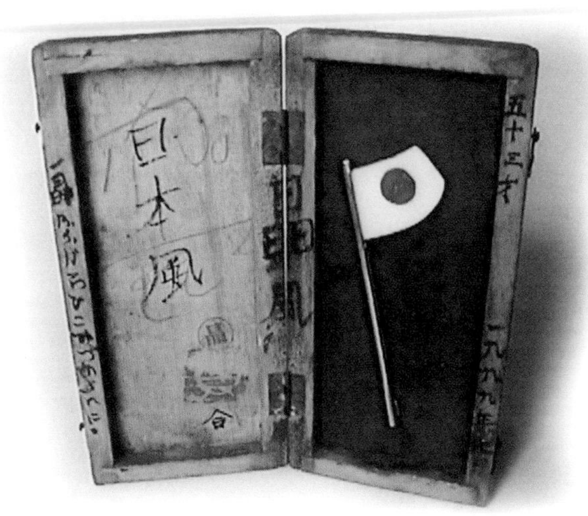

Nihon Fu – Japanischer Wind // Brosche in Kästchen mit Signatur in japanischer Schrift // 1999 // Porzellanscherbe von japanischer Teetasse mit Manufakturmarke „Fu“ (= „Wind“) in Goldschrift in rotem Kreis, Gold 750, Stahlnadel Sammlung Hiko Mizuno College of Jewelry, Tokio, Japan
Nihon Fu – Japanese Wind // brooch in a little box with signature in Japanese characters // 1999 // sherd from a Japanese porcelain teacup with the factory mark ‘Fu’ (= ‘wind’) in gold writing in a red circle, 750 gold, steel pin Hiko Mizuno College of Jewelry collection, Tokyo, Japan

Die Scherbe einer japanischen Export-Tasse – der Zufall wollte es, dass die rote Sonnenscheibe der japanischen Nationalflagge genau in deren Zentrum erhalten blieb – weckte unmittelbar den Gedanken einer im Winde flatternden Fahne. Im roten Kreis der aufgehenden Sonne lässt sich eine goldene Signatur identifizieren. Das Ideogramm liest sich „Fu“, „der Wind“, und bedeutet auch „Trend“, „Mode“, „Modeströmung“. Der Wind bewegt also die Fahne, auf welcher „der Wind“ steht – und in der Brosche als Ganzes kommt wiederum, so hoffe ich, ein „neuer Wind“ zum Ausdruck. *This sherd from a Japanese export cup – fortuitously, the red disc of the sun from the Japanese flag remained intact right at its centre – immediately awakened thoughts of a banner fluttering in the wind. A signature in gold is identifiable in the red circle of the rising sun. The ideogram reads ‘Fu’, ‘the wind’ and also means ‘trend’, ‘fashion’, ‘fashion trend’. The wind is, therefore, stirring the banner on which ‘the wind’ stands and, I hope, a ‘fresh wind’ is again expressed in the brooch as a whole.*

Schmucklinie // Brosche // 2002 // Füllfeder aus der Internatszeit, Gold 14 Karat, Silber, Amethyst, Stahl, Kunststoff Jewellery Line // brooch // 2002 // fountain-pen from boarding school days, 14 ct gold, silver, amethyst, steel, plastic

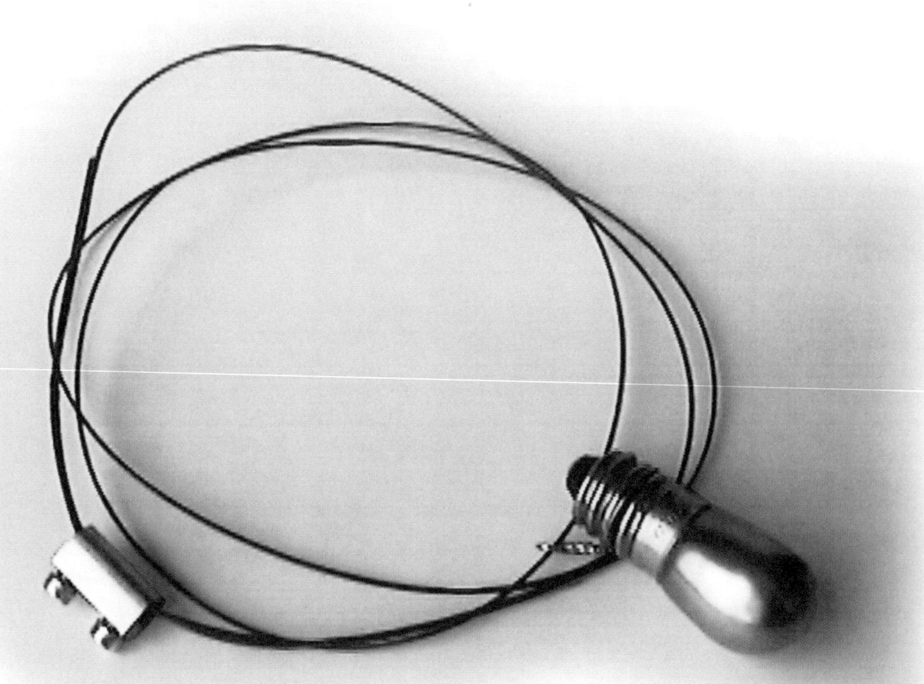

Ersatzlampe mit 2 Kabeln
und Klemme // März 2000 // Kasten aus Mahagoniholz
mit 2 Schwarzkorallen, Putzlappen in Karton, Lampenfassung mit Tahitiperle, Chromstahlkabel (Plastik), Beschriftung auf Deckelunterseite signiert auf Lampenfassung Privatsammlung, Deutschland Spare Lamp with 2 cords and clamp // March 2000 // case of mahogany with 2 pieces of black coral, cleaning rag in a cardboard box, screw cap with Tahiti pearl as bulb, chromium steel cable (plastic), writing on the underside of the lid, signed on
the screw cap Private collection, Germany

Armreif // 2000 // Transparenter synthetischer Gummi, Keshiperlen, Fischchen Sammlung Annelies Štrba, Schweiz Bangle // 2000 // transparent synthetic rubber, Keshi pearls, little fish Annelies Štrba Collection, Switzerland

Diese Arbeit ist während meines Lehrauftrags an der Rhode Island School of Design in Providence, USA, entstanden. Einer der Studenten arbeitete mit einer Art Gießharz, das mir bislang nicht bekannt war. Was mir an dieser Substanz im Gegensatz zu Acrylglas gefiel, war ihre Wärme, ihre Weichheit und die farbliche Übereinstimmung mit Olivenöl. Als Gussformen für den Kreisring dienten zwei verschieden große Blechbüchsen von Fischkonserven. Die Struktur des Blechs hat sich auf die Oberfläche des Reifs übertragen. *This work came into being while I was teaching at the Rhode Island School of Design in Providence, USA. One of my students was working with a kind of liquid resin hitherto unknown to me. What I liked about this substance, unlike acrylic glass, was its warmth, its ductility and its similarity in colour to olive oil. Two tin cans of different sizes which once contained fish made the moulds for casting the hoop bangle. The texture of the tin has been transferred to the surface of the bangle.*

Don't Touch // Armspange // 2000 // Fingerfragment einer Schaufensterpuppe, Messing hartvergoldet, Tahitiperle

Don't Touch // bangle // 2000 // fragment of a shop-window mannequin's finger, brass, electroplated gold, Tahiti pearl

Steinkreis-Kette // 2002 // Achate, Turmaline, Granate, diverse Quarze, Korallen, Lapislazuli, Gold 750 Stone Circle Chain // 2002 // agate, tourmalines, garnets, various quartzes, coral, lapis lazuli, 750 gold

Mädchen mit Kaugummi // Nadel // 2002 // Japanische Elfenbeinschnitzerei, Elfenbein, schottische Flussperle, Gold, Email, Kobalt Sammlung Hiko Mizuno College of Jewelry, Tokio, Japan Girl with Bubble Gum // pin // 2002 // Japanese ivory carving, ivory, Scottish freshwater pearl, gold, enamel, cobaltite Hiko Mizuno College of Jewelry collection, Tokyo, Japan

Mädchen mit Kaugummi // Nadel // 2002 // in japanischer Lackschachtel Girl with Bubble Gum // pin // 2002 // in Japanese lacquer box

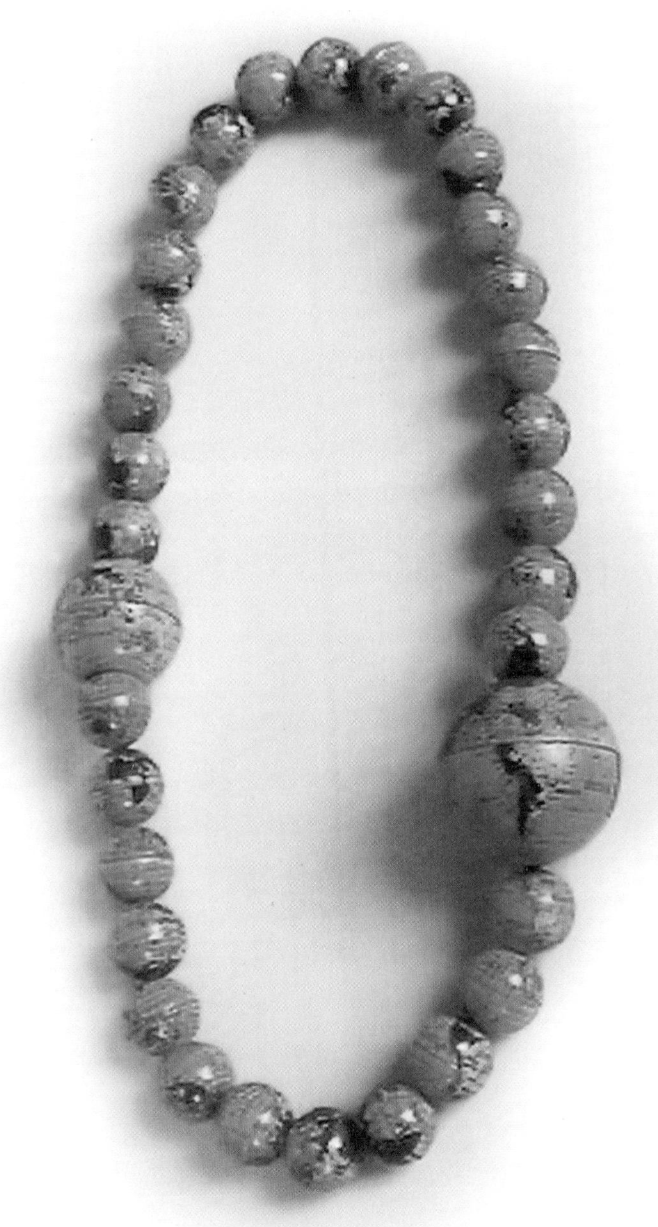

33 Welten-Kette // Halsschmuck // 2001 // Weißblech mit Farbe bedruckt, Nylonkabel
33 Worlds Chain // necklace // 2001 // tin plate, printed with paint, nylon cable

AHAAA // Armband // 2001 // Bronze, Messing verchromt, Gold 750, schwarzer Brillant, Rubin

AHAAA // bracelet // 2001 // bronze, chromium-plated brass, 750 gold, black diamond, ruby

Ursache und Wirkung // Ring // 2002 // Weißgold 750, Bronze, Zirkonia, Malachit

Das Objekt ist die Darstellung eines ungeheuer kurzen Zeitintervalls, vielleicht das einer Nanosekunde. Der Moment wird von einer seltsamen und unaufhörlichen Dynamik geprägt, die mir auch von Beispielen aus stehe. Beispielsweise das berühmte Bild mit der Postkutsche von Rudolf Koller aus dem Jahr 1870, Betrachter an seinem fiktiven Standort im nächsten Augenblick unter ihren Hufen zertrümmernd, angefeuert unaufhörlich, wie ein Kernreaktor. *The object is the representation of a terribly brief interval of time, perhaps considerably unsharp focus. The split second is shaped by a strange and continuous dynamic, one which I also know celebrated picture with the post coach by Rudolf Koller from 1870, in which the horses are galloping down the road, still lashed by the whip of a madly reckless postillion. The moment captured radiates energy, incessantly,*

Cause and Effect // ring // 2002 // 750 white gold, bronze, zirconium, malachite

Man kennt solche Bilder aus Filmdokumenten in extremer Zeitlupe; allerdings in erheblicher Unschärfe. der Kunstgeschichte bekannt ist und der ich noch heute wie in meiner Jugend staunend gegenüber dem die Pferde mit einer nicht mehr zu überbietenden Kraft aus einer Kurve die Straße hinunterstürmen, den noch von der Peitsche eines aberwitzig tollkühnen Postillions. Der eingefangene Augenblick strahlt Energie aus,

a nano-second. Such images are familiar from film documents in extreme slow motion; however, in from examples in art history and by which I am even today awestruck, as I did in my youth. For example, the ming up out of a curve with unstoppable force to pound the viewer to bits under their hooves at his fictive point of station, like a nuclear reactor.

Alte Zahnbürste // Armreif // 2000 //
Silber 925, Email, Malachit Old Toothbrush //
bangle // 2000 // 925 silver,
enamel, malachite

Zahnbürste mit Pasta // Armreif // 2002 //
Silber 925, Email, Zuchtperle Privatsammlung, Schweiz Toothbrush and Toothpaste //
bangle // 2002 // 925 silver, enamel, cultured pearl Private collection, Switzerland

Bei meinen Zahnbürsten habe ich immer das Problem, den richtigen Zeitpunkt zu finden, um die alte durch eine neue zu ersetzen, da sich die Deformation der Borsten so unmerklich langsam vollzieht: noch ein Tag und noch einer ... So ähnlich ist es auch mit den Schuhen. Man hat mit den Dingen gelebt, und wenn der Tag gekommen ist und man sich trennen soll, merkt man, dass sie einem irgendwie ans Herz gewachsen sind. Nach ihrem Ausscheiden aus der Mundhygiene verwende ich die Zahnbürsten noch zum Auswaschen und Reinigen kleiner Gegenstände und ganz an ihrem Ende angelangt, gieße ich sie in Silber ab, um ihnen ihre Fortdauer als gut behütete Kunstwerke in Museen zu sichern. *With my toothbrushes I always have the problem of knowing the right time to replace the old ones with new ones since the deformation of the bristles takes place so gradually: one more day and one more ... It's quite similar with shoes. You've lived with the things and when the day comes on which you are to part, you realize that you've somehow become fond of them. After they are no longer used for dental hygiene, I still use toothbrushes for scrubbing and cleaning little objects and, when they have really reached the end, I cast them in silver in order to ensure they last as safeguarded art works in museums.*

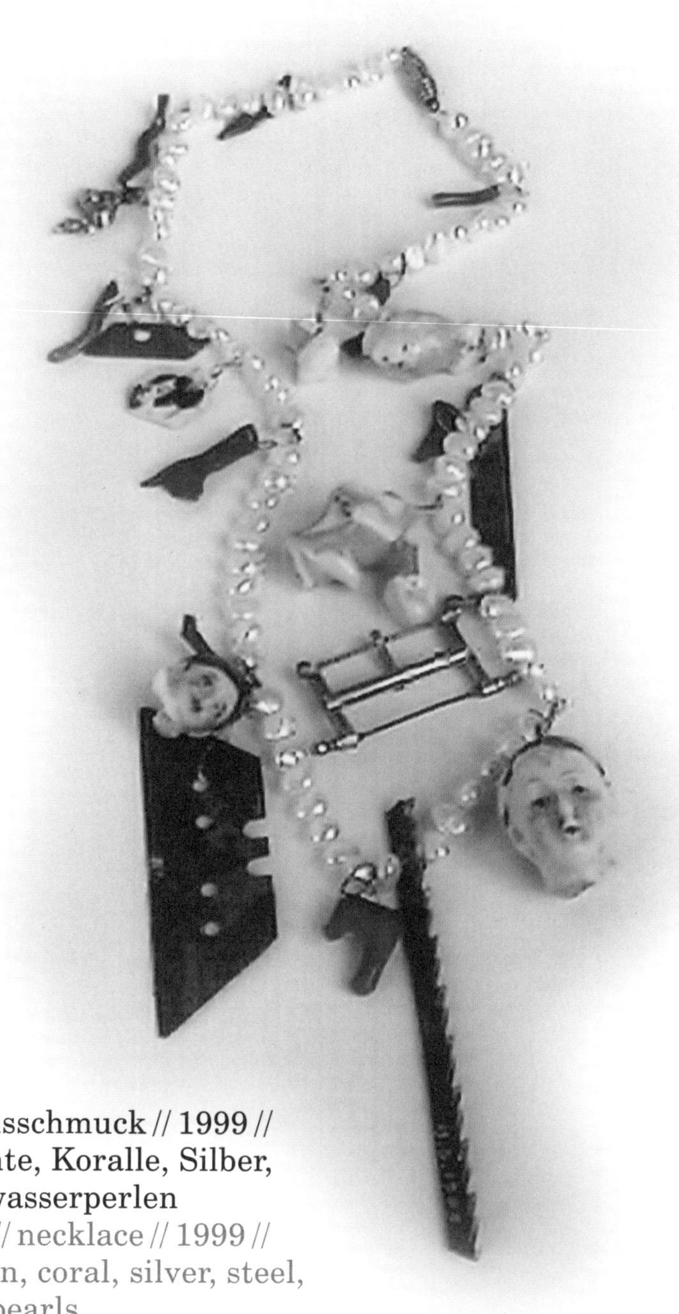

Opfer-Kette // Halsschmuck // 1999 //
Porzellanfragmente, Koralle, Silber,
Stahl, Gold, Süßwasserperlen
Sacrificial Chain // necklace // 1999 //
sherds of porcelain, coral, silver, steel,
gold, freshwater pearls

Tante Seraphine mit Bazooka // Brosche // 2002 // Farbe auf Blech, Tahitiperle, Halbperlen Aunt Seraphine with Bazooka // brooch // 2002 // paint on sheet metal, Tahiti pearl, blister pearls

G-Gesicht // Ring // 2001 // Bronze, Farbe, Zuchtperle G-Face // ring 2001 // bronze, paint, cultured pearl

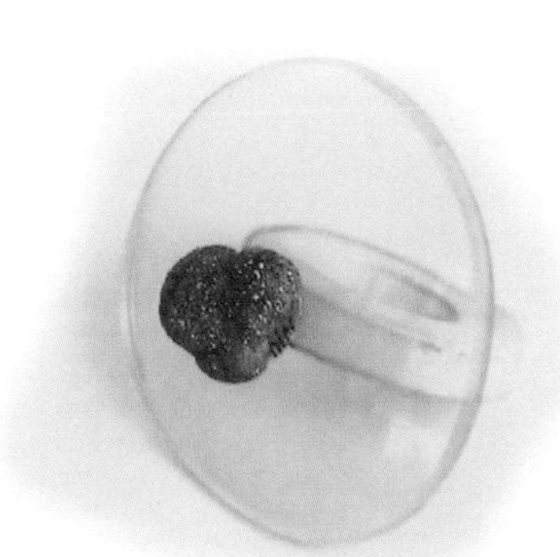

Ring // 2002 // Kunststoff, Markasit, Stahl, Farbe Ring // 2002 // plastic, marcasite, steel, paint

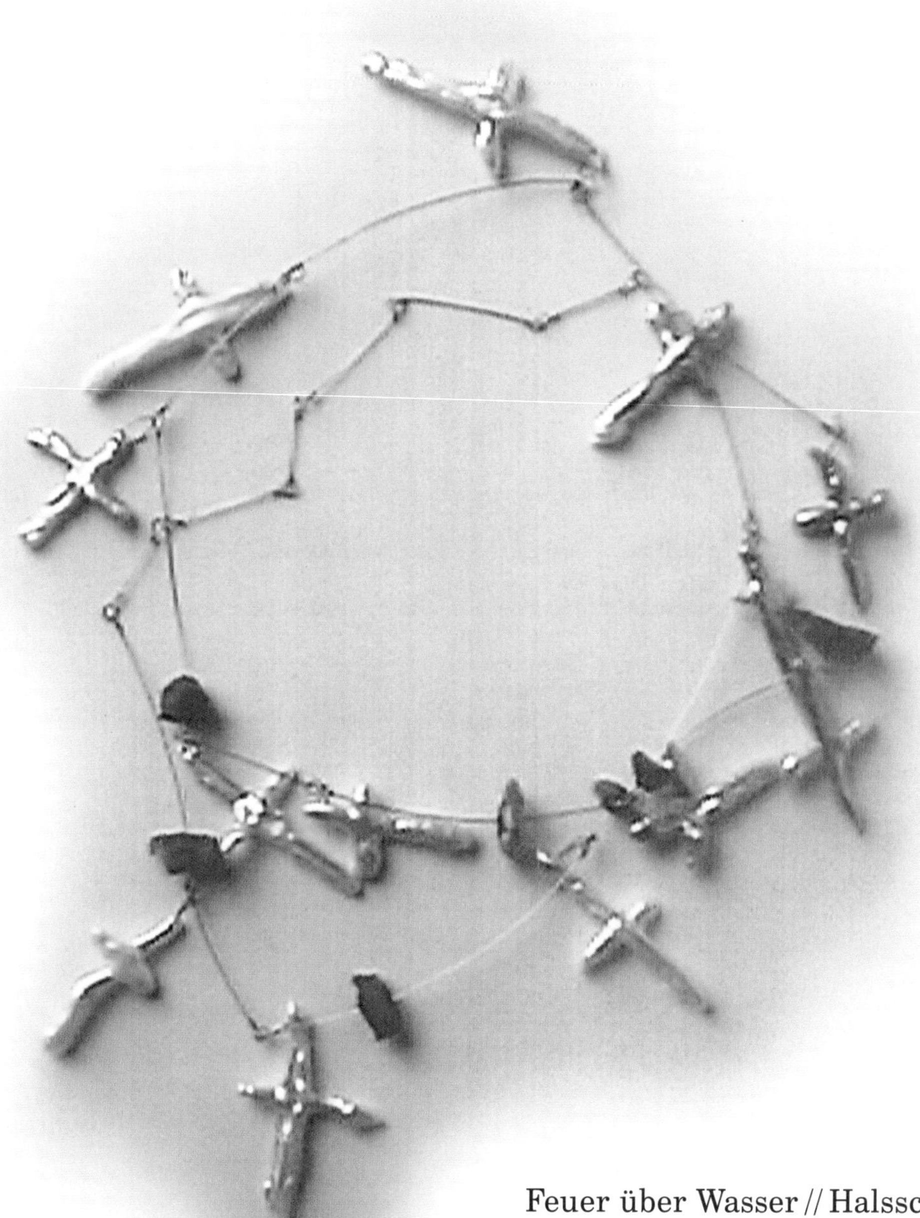

Feuer über Wasser // Halsschmuck // 2000 // Zuchtperlen, Feueropal, Kobalt Sammlung Annelies Štrba, Schweiz Fire over Water // necklace // 2000 // cultured pearls, fire opal, cobaltite Annelies Štrba Collection, Switzerland

Teddybär/Huhn // Anhänger // 2002 // Vorhängeschloss, Eisen, Türkis, Rubin, Textil // Vorderseite // Rückseite Sammlung Annelies Štrba, Schweiz Teddy Bear // Chicken // pendant // 2002 // padlock, steel, turquoise, ruby, cloth // front // back Annelies Štrba Collection, Switzerland

Perle aus der Tube // Brosche // 2002 // Ohrschmuck, Alutube bedruckt mit Farbe, Chromkobalt, Tahitiperle Pearl out of the Tube // brooch // 2002 // earring, aluminium tube printed with paint, chromium cobalt, Tahiti pearl

Nasses Schaf // Halsschmuck // 2002 // Holz, Farbe, Türkis, 9 Brillanten in Silberfassungen, Collier aus Imitatperlen
Wet Sheep // necklace // 2002 // wood, paint, turquoise, 9 diamonds in silver settings, string of simulated pearls

Juwelengesicht // Brosche // 2002 //
Topas, Turmaline, Kunststoffschachtel, Gold 750
Jewel Face // brooch // 2002 // topaz,
tourmalines, plastic box, 750 gold

Häsin // Anhänger // 2002 // Holz, Farbe, Silber, Gold, Keshiperlen, Katzendarmsaite
Bunny // Pendant // 2002 // wood, paint,
silver, gold, Keshi pearls, cat-gut string

Literaturverzeichnis Bibliography

Ausstellungskataloge Exhibition catalogues

Bernhard Schobinger, Leporello, Galleria Pianella, Cantù 1970
Diamonds International Award, New York 1971
Bernhard Schobinger, Leporello, Galleria Arte Arena (Bob Gysin), Dübendorf 1972
Sonderschau MUBA, Basel 1974
Aurea 76, Firenze 1976
International Jewellery Arts Exhibition, Tokyo 1976, 1979, 1983
Sotheby's, Zürich 1977
Schmuck, Eggenschwiler - Schobinger, Museum Bellerive, Zürich 1979
ART 10'79, Basel 1979
Réalisme, Réflexion - Explosion, kuratiert von Fritz Billeter, Maison de la Culture, Le Havre 1980
Outside - Inside - Upside - Down, Aargauer Kunsthaus, Aarau 1981
Electrum Gallery 1971–1981, London 1981
Zwitserse Avant-Garde, Den Haag 1982
Contemporary Jewellery, National Museum of Modern Art, Kyoto/Tokyo 1984
Bijou Frontal, Gewerbemuseum Basel 1985
ART 16'85, Basel 1985
Halbzeit, Peter Skubic, Konzeption und Layout von B.S., Galerie am Graben, Wien 1985
Joyeria Europea Contemporanea, Barcelona 1987
Schmuck - Zeichen am Körper, Linz 1987
Tragezeichen, Museum Schloss Morsbroich, Leverkusen 1988
10 Goldsmiths, Rezac Gallery, Chicago 1988
Bijoux - Nouvelles Tendances, Centre Culturel Suisse, Paris 1988
An Art Collection of Combs, Galerie Marzee, Nijmegen 1989
Parures de pacotille, École des Arts Décoratifs de Genève, Genève 1989
Kunstrai 89, Amsterdam 1989
Triennale du Bijou, Paris 1989
The Spectacle of Chaos, Chicago 1990
Mehrwerte, Museum für Gestaltung, Zürich 1991
Arsenale, Museum für Kunsthandwerk, Frankfurt am Main 1991
Sieraden, Centrum Beeldende Kunst, Groningen 1992
Neoteric Jewelery, Snug Harbor Cultural Center, Staten Island/NY 1992
Unfair 92, Galerie Meile, Köln 1992
Facet I, Kunsthalle Rotterdam, Rotterdam 1993
Galerie Delcourt van Krimpen, Rotterdam 1993
Techpunkt 93, Interkantonales Technikum Rapperswil, Rapperswil 1993
Schmuck unserer Zeit 1964–1993, Museum Bellerive, Zürich 1994
Fixiert, Objekte im Dialog, Bildraum, Zürich 1994
Jewelry, New Times - New Thinking, Ralph Turner, London 1996
Schmuck im Schloss, Verein Schmuckzeichen, Salzburg 1996
b.z.w., Sammlung Bosshard zu Gast im Kunsthaus Glarus, Glarus 1996
Memento Mori, Forum für Schmuck und Design, Bonn 1998
Brooching it Diplomatically, Helen Drutt-English, Philadelphia 1998/Stuttgart 2000
B.S., Postindustrielle Schmuckobjekte, Museum Boijmans Van Beuningen, Rotterdam 1999
Shades of Time, with Annelies Štrba, Douglas Hyde Gallery, Trinity College, Dublin 1999
La Renaissance du Bijou, Galerie Pilzer, Paris 1999
The Ego Adornet, 20th-Century Artist's Jewellery, Antwerpen 2000
A View by Two, Contemporary Jewellery, RISD Museum, Providence/RI 2000
Schmuck 2000, Sonderschau der 52. I.H.M., München 2000
Kunst Hautnah, Künstlerhaus Wien, Wien 2000
Alles Schmuck, Museum für Gestaltung Zürich, Zürich 2000
Parures d'Ailleurs - Parures d'Ici: Incidendes - Coincidences, mu.dac, Lausanne 2001
Mikromegas, 150 Jahre Bayerischer Kunstgewerbe-Verein, München 2001
Schweizer Schmuck im 20. Jahrhundert, Musée d'Art et d'Historie, Genève; Schweizerisches Landesmuseum, Zürich, Genève 2002
10. Erfurter Schmucksymposium, 2002
Bernhard Schobinger - Jewels Now!, Museum Bellerive, Zürich, Die Neue Sammlung, Pinakothek der Moderne, München, Stuttgart 2003

Publikationen Publications

Silvio R. Baviera (Hg.), Die Durchtunnelung der Normalität, Zürich 1996
Barbara Cartlidge (Hg.), Twentieth-Century Jewelry, London 1985
Dictionnaire International du Bijou, Paris 1999
Dokumentation der aktuellen Innerschweizer Kunst, GSMBA, Luzern 1997
Helen W. Drutt/Peter Dormer (Hg.), Jewelry of our time, London 1995
Experiment Schmuck - Das Erfurter Schmucksymposium 1984–2002, Erfurt 2002
Roger Fayet/Florian Hufnagl (Hg.), Bernhard Schobinger - Jewels Now!, Stuttgart 2003
Ernst A. Heiniger (Hg.), The Great Book of Jewels, Boston 1974
John Hutchinson (Hg.), Patmos, Dublin 2001
John Hutchinson (Hg.), The Paradise, Douglas Hyde Gallery, Trinity College, Dublin 2002
Wiebke Koch-Mertens, Der Mensch und seine Kleider, Düsseldorf 2000
Made in Switzerland, Bundesamt für Kultur, Bern 1998
Hiko Mizuno (Hg.), Jewelry Bible, Tokyo 1996
Moderne Kunst - unsere Gegenwart II, Kulturzentrum Pfäffikon, Seedamm 1993
Schmuck 2000 - Rückblick, Visionen, Ulm 2000
Schmuckzeichen Schweiz, St. Gallen 1999
Bernhard Schobinger (Hg.), Eiszeit-Juwelentraum(a), Subjekte 1977–1981, gestaltet und von Hand koloriert: B.S., Fotos: Annelies Štrba, Richterswil 1981
Bernhard Schobinger (Hg.), Devon, Karbon, Perm, 62 ausgewählte Objekte 1984–1987, fotographiert von Annelies Štrba, Richterswil 1988
Shades of Time, Annelies Štrba Monograph, Baden 2000
Annelies Štrba (Hg.), Aschewiese, mit Texten von Bernhard Bürgi und Georg Kohler, Zürich 1990
Annelies Štrba, Ware iri ware ni iru, Luzern 1994
Anne G. Ward (Hg.), The Ring, London 1981
David Watkins (Hg.), The Best in Contemporary Jewellery, London 1993
Werkfelder 1, Zürich 2002

Bernhard Schobinger

Biografie und Lehraufträge

1946 Geboren in Zürich
1962–63 Kunstgewerbeschule Zürich (Vorkurs Johannes Itten)
1963 Scheitern an der Aufnahmeprüfung in die Fachklasse von Max Fröhlich
1963–67 Goldschmiedelehre in einer führenden Bijouteriefabrik in Zürich, Fachlehrer Kurt Aeppli
1968 Eröffnung einer eigenen Werkstatt mit Galerie und Beginn der selbständigen Arbeit
1974 Internat. Lizenz C.M.A.S. als Gerätetaucher
1994 Gastdozent am Royal College of Art, London
1996, 1998, 2003 Gastdozent am Hiko Mizuno College of Jewelry, Tokio
1996 Gastdozent an der Gerrit-Rietveld Akademie, Amsterdam
Gastdozent an der Karel de Grote-Hogeschool, Antwerpen
1997 Workshop und Symposium „Der Kreislauf der Dinge", Braunwald (Schweiz)
Workshop und Symposium „Design-Werkstatt", Braunwald (Schweiz)
1999, 2000 und 2001 Lehrauftrag an der Rhode Island School of Design, Providence/RI, USA
2000 Kolloquium „Grenzwelten", Hochschule für Gestaltung und Kunst, Zürich
2000–2001 Gastdozent an der Haute École d'Arts Appliqués, Genève
2000–2001 Symposium Haldenhof „Welche Farbe hat Schmuck", Volkshochschule Universität Zürich, Vorlesung
2002 10. und „letztes" Schmucksymposium Erfurt

Lebt und arbeitet in Richterswil am Zürichsee/Silberküste (Schweiz)

Biography and lectureships

1946 Born in Zurich
1962–63 Attended Kunstgewerbeschule Zürich (preliminary course Johannes Itten)
1963 Failed entrance examination to the specialist course taught by Max Fröhlich
1963–67 Goldsmith's apprenticeship at a leading Zurich bijouterie, specialist instructor factory Kurt Aeppli
1968 Opened a workshop and gallery; began work on a self-employed basis
1974 C.M.A.S. international diving licence
1994 Visiting lecturer at the Royal College of Art, London
1996, 1998, 2003 Visiting lecturer at the Hiko Mizuno College of Jewelry, Tokyo
1996 Visiting lecturer at the Gerrit Rietveld Academy, Amsterdam
Visiting lecturer at the Karel de Grote-Hogeschool, Antwerp
1997 Workshop and Symposium 'Der Kreislauf der Dinge' [The Circle of Being and Becoming], Braunwald (Switzerland)
Workshop and Symposium, 'Design Workshop', Braunwald (Switzerland)
1999, 2000 and 2001 Taught at the Rhode Island School of Design, Providence/RI, USA
2000 Colloquium 'Grenzwelten' ['Border Worlds'], Hochschule für Gestaltung und Kunst, Zurich
2000/2001 Visiting lecturer at the Haute École d'Arts Appliqués, Geneva
2000/2001 Symposium Haldenhof 'Welche Farbe hat Schmuck' ['What Colour is Jewellery'], Adult Education lectures, Zurich University
2002 10th and 'last' jewellery symposium, Erfurt

Lives and works in Richterswil on the Lake of Zurich/Silver Coast (Switzerland)

Einzelausstellungen (Auswahl) Solo exhibitions (a selection)

1973, 1974 Galleria Arte Arena, Dübendorf
1975, 1976 Galerie Müller-Brockmann, Rapperswil
1981 Aargauer Kunsthaus, Aarau
1982 Electrum Gallery, London
1985, 1987 Galerie Peter Noser, Zürich
1988, 1992, 1995 Louise Smit Gallery, Amsterdam
1990 Galerie Renée Ziegler, Zürich
1991 Grassi Museum, Leipzig (mit Annelies Štrba)
1995 Kunsthaus Glarus (mit Annelies Štrba)
1996 Museum und Galerie Baviera, Zürich
1998 The Douglas Hyde Gallery, Trinity College, Dublin
1999 Museum Boijmans Van Beuningen, Rotterdam
2000 Sonderschau der 52. I. H. M. – Internationale Handwerksmesse München
2001 Museum und Galerie Baviera, Zürich
2002 Galerie Sofie Lachaert, Tielrode, Belgien
2003 Museum Bellerive, Zürich

Auszeichnungen Awards

1970, 1971, 1972 Eidgenössisches Stipendium für angewandte Kunst
1971 Diamonds-International Award, New York
1972 Deutscher Schmuck- und Edelsteinpreis
1994 Werkbeitrag des Kantons und der Stadt Luzern
1998 Preis der Stiftung Françoise von den Bosch (Niederlande)

Annelies Štrba

Geboren 1947 in Zug (Schweiz)
Lebt und arbeitet in Richterswil am Zürichsee/Silberküste (Schweiz)
Born in 1947 in Zug (Switzerland)
Lives and works in Richterswil on the Lake of Zurich/Silver Coast (Switzerland)

Einzelausstellungen (Auswahl) Solo exhibitions (a selection)

1990 Aschewiese, Kunsthalle Zürich
1991 Grassi Museum, Leipzig (mit Bernhard Schobinger)
Albers Museum, Bottrop
Museum Moritzburg, Halle
1996 Kunstverein Düsseldorf
Kunstverein Weimar
1997 Aargauer Kunsthaus, Aarau (Schweiz)
1998 Maison Européenne de la Photographie, Paris
Douglas Hyde Gallery, Dublin
Thread Waxing Space, New York/NY
1998–99 Photographer's Gallery, London
2001 New Videos (New York, Paris, Berlin, Venedig), Kunsthaus Zug
Shades of Time, Centre National de la Photographie, Paris
2003 Helmhaus Zürich

Für das Verzeichnis der Gruppen-Ausstellungen von Annelies Štrba siehe:
For the group shows in which Annelies Štrba has participated see:
Annelies Štrba, AYA, Zürich/Berlin/New York 2002, S. 143.

Autoren-Biografien Authors' Biographies

Peter Egli Geboren 1933 in Bern. Studium der Kunst, Kunstgeschichte, Literatur, Philosophie und Architektur in Zürich. Mehrjährige Aufenthalte in Griechenland, Nepal und Westafrika. Seit 1974 lebt er als freischaffender Autor, Künstler und Gestalter in Bern und Oberitalien. Born in Bern, Switzerland, in 1933. Studied art, art history, literature, philosophy and architecture in Zurich. Spent several years living and travelling in Greece, Nepal and West Africa. Has lived in Bern and northern Italy since 1974, working as a freelance writer, artist and designer.

Dr. Roger Fayet Geboren 1966. Studium der Philosophie, Kunstgeschichte und deutschen Literatur an der Universität Zürich. Promotion zum Thema „Reinigungen. Vom Abfall der Moderne zum Kompost der Nachmoderne". 1994–1998 Kurator am Johann Jacobs Museum. Seit 1999 Leiter des Museums Bellerive in Zürich und seit 2001 Tätigkeit als Dozent an der dortigen Hochschule für Gestaltung und Kunst. Designierter Direktor des Museums zu Allerheiligen in Schaffhausen. Born in 1966. Studied philosophy, art history and German literature at Zurich University. Subject of his doctoral thesis: 'Reinigungen. Vom Abfall der Moderne zum Kompost der Nachmoderne' ['Cleansings. From the Detritus of the Moderns to the Compost of the Postmoderns']. 1994–1998 curator at the Johann Jacobs Museum. Since 1999 director of the Museum Bellerive in Zurich. Since 2001 has also taught at the Zurich Hochschule für Gestaltung und Kunst [Polytechnic for Design and Art]. Director designate of the Museum zu Allerheiligen in Schaffhausen.

Prof. Dr. Florian Hufnagl Geboren 1948. Studium der Kunstgeschichte. Seit 1980 Tätigkeit in der Neuen Sammlung und Lehrauftrag am Institut für Kunstgeschichte der Universität München, seit 1990 Leitender Sammlungsdirektor der Neuen Sammlung, Staatliches Museum für angewandte Kunst in der Pinakothek der Moderne, München. 1997 Honorarprofessor an der Akademie der Bildenden Künste, München. 1998 Vorsitzender der Direktorenkonferenz der Staatlichen Museen und Sammlungen in Bayern. Born in 1948. Studied art history. Since 1980 has worked for the Neue Sammlung and taught at the Art History Institute, Munich University. Since 1990 director of the collections, Die Neue Sammlung, Staatliches Museum für angewandte Kunst [State Museum for the Applied Arts], Pinakothek der Moderne, Munich. In 1997 honorary professor at Munich Fine Arts Academy. In 1998 chairman of the Directors' Conference for State Museums and Collections in Bavaria.

Christof Kübler Geboren 1956. Studium der Kunstgeschichte, Geschichte und Soziologie. Wissenschaftliche Assistenz an der Eidgenössisch Technischen Hochschule (1986–1988) und am Lehrstuhl für moderne und zeitgenössische Kunst der Universität in Zürich (1988–1994). Seit 1996 Kurator für das 20./21. Jahrhundert am Schweizerischen Landesmuseum in Zürich und seit 2001 Leiter des dortigen Forschungszentrums „Jüngste Kulturgeschichte". Publizistische Tätigkeit im Bereich Kunst-, Architektur- und Kulturgeschichte. Born in 1956. Studied art history, history and sociology. Academic assistant at the Eidgenössisch Technische Hochschule (1986–1988) and at the Chair for Modern and Contemporary Art, Zurich University (1988–1994). Since 1996 curator for the 20th/21st centuries at the Schweizerisches Landesmuseum in Zurich and since 2001 head of the research centre 'Jüngste Kulturgeschichte' ['Most Recent Cultural History'] at that institution. Has published in art, architecture and cultural history.

Dr. Ellen Maurer-Zilioli Geboren 1956. Studium der Kunstgeschichte. 1991 Promotion. Anschließend Tätigkeit am Bayerischen Rundfunk und im Kunsthandel. Ab 1993 Volontariat an den Bayerischen Staatsmuseen, 1996–1998 Wissenschaftliche Mitarbeiterin der Bayerischen Staatsgemäldesammlungen. Seit 1998 Konservatorin an der Neuen Sammlung, dem Staatlichen Museum für angewandte Kunst in der Pinakothek der Moderne, München. Zahlreiche Publikationen, Vorträge und Rundfunksendungen zu Kunst, Fotografie, Kunsthandwerk und Design im 20. Jahrhundert. Born in 1956. Studied art history. Took doctorate in 1991, followed by work for the Bayerischer Runkfunk radio and television and on the art market. From 1993 trained at Bavarian State Museums. 1996–1998 academic employee at the Bayerische Staatsgemäldesammlungen. Since 1998 conservator at Die Neue Sammlung, Staatliches Museum für angewandte Kunst in der Pinakothek der Moderne, Munich. Numerous publications, lectures and radio and television broadcasts on 20th-century art, photography, the decorative and applied arts and design.

Sibylle Omlin Geboren 1965. Studium der Germanistik und Kunstgeschichte in Zürich. Seit 1990 Tätigkeit als freie Kunstpublizistin, 1995–2001 Kunstkritikerin/redaktionelle Mitarbeiterin bei der Neuen Zürcher Zeitung. Seit 2001 Leiterin der Abteilung Bildende Kunst/Medienkunst der Hochschule für Gestaltung und Kunst Basel. Zahlreiche Veröffentlichungen mit einem Schwerpunkt im Bereich der Schweizer Kunst des 20. Jahrhunderts. Born in 1965. Studied German language and literature and art history in Zurich. Since 1990 has worked as a freelance art journalist. From 1995–2001 art critic/Assistant Editor for the Neue Zürcher Zeitung. Since 2001 head of the fine arts and media arts department at the Hochschule für Gestaltung und Kunst in Basel. Numerous publications focusing on 20th-century Swiss art.

Herausgeber *Editors*
Roger Fayet // Florian Hufnagl

Autoren *Authors*
Peter Egli
Roger Fayet
Florian Hufnagl
Christof Kübler
Sibylle Omlin
Ellen Maurer-Zilioli
Bernhard Schobinger (Kommentare zu den Objekten Commentaries on the objects)

Übersetzung *Translation*
Joan Clough, München

Redaktion *Editorial work*
Winfried Stürzl, Arnoldsche Verlagsanstalt

Grafische Gestaltung *Layout*
nalbach typografik, Silke Nalbach, Stuttgart

Offset-Reproduktionen
Offset Reproductions
mb-Verlag, Stuttgart

Druck *Printing*
Rung-Druck, Göppingen

Papier *Paper*
Munken Lynx, 130 g/qm

Dieses Buch wurde gedruckt auf 100% chlorfrei gebleichtem Papier und entspricht damit dem TCF-Standard. This book has been printed on paper that is 100% free of chlorine bleach in conformity with TCF standards.

Bibliografische Information
Der Deutschen Bibliothek
Die Deutsche Bibliothek verzeichnet diese Publikation in der Deutschen Nationalbibliografie; detaillierte bibliografische Daten sind im Internet über http://dnb.ddb.de abrufbar.

Bibliographic information published
by Die Deutsche Bibliothek
Die Deutsche Bibliothek lists this publication in the Deutsche Nationalbibliografie; detailed bibliographic data is available in the Internet at http://dnb.ddb.de.

ISBN 3-89790-183-8

Made in Europe, 2003

Die Publikation wurde gefördert durch
PRO HELVETIA
Schweizer Kulturstiftung
The publication was supported by
PRO HELVETIA
Arts Council of Switzerland

Die vorliegende Publikation erscheint anlässlich der Ausstellung „Bernhard Schobinger – Juwelen". The present publication is published on the occasion of the exhibition "Bernhard Schobinger – Jewels".

Museum Bellerive, Zürich
4.6.–7.9.2003

Die Neue Sammlung, Pinakothek der Moderne, München

Und weitere Ausstellungstationen
And further exhibition venues

Bildnachweis Photo credits

Bernhard Schobinger
Alle Objektfotos und Seite 79 (unten)
All object photographs and page 79 (below).

Annelies Štrba
Seiten Pages 41, 46, 57–72, 83 (oben above), 148, 154.

Umschlag Cover
Ursache und Wirkung // Ring // 2002 // Weißgold 750, Bronze, Zirkonia, Malachit
Cause and Effect // ring // 2002 // 750 white gold, bronze, zirconium, malachite

Frontispiz Frontispiece
4 Bergkristalle und 1 Amethyst an Unterhosengummi // Halsschmuck // 2000 4 Rock Crystals and 1 Amethyst on Underpants Elastic // necklace // 2000